# 社群经济时代自媒体平台营销策略研究

沈中奇　著

中国原子能出版社

**图书在版编目（CIP）数据**

社群经济时代自媒体平台营销策略研究 / 沈中奇著
. -- 北京 : 中国原子能出版社, 2021.9
ISBN 978-7-5221-1582-5

Ⅰ. ①社… Ⅱ. ①沈… Ⅲ. ①网络营销—研究 Ⅳ.
① F713.365.2

中国版本图书馆 CIP 数据核字 (2021) 第 190166 号

**社群经济时代自媒体平台营销策略研究**

**出版发行** 中国原子能出版社（北京市海淀区阜成路 43 号 100048）
**策划编辑** 杨晓宇
**责任印刷** 赵 明
**装帧设计** 王 斌
**印　　刷** 天津和萱印刷有限公司
**经　　销** 全国新华书店
**开　　本** 787mm×1092mm 1/16
**印　　张** 11.875
**字　　数** 211 千字
**版　　次** 2022 年 1 月第 1 版
**印　　次** 2022 年 1 月第 1 次印刷
**标准书号** ISBN 978-7-5221-1582-5 **定　价** 68.00 元

**网　址:** http//www.aep.com.cn **E-mail:** atomep123@126.com
**发行电话:** 010-68452845 

# 作者简介

沈中奇，女，1980 年 11 月出生，江苏省泰州市人，毕业于英国牛津布鲁克斯大学，硕士研究生学历，现任江苏科技大学张家港校区商学院工商管理专业讲师。研究方向：市场营销专业。工作至今，主编教材一本，主持并完成江苏省高校哲学社会科学研究课题一项，参与完成多项市厅级项目，发表论文十余篇，其中一篇被人大复印期刊权威收录，两篇核心期刊，一篇 SCI。

# 前言

互联网的高速发展降低了沟通成本，伴随着各大网络平台的崛起，自媒体一时间“百家争鸣，百花齐放”。依托自媒体发展起来的社群更是发展迅速，在形成独特社群文化的同时，也隐藏着极大的商业潜力和价值。然而经过近一两年来的爆发式增长，自媒体的发展却逐渐陷入了僵局。多数自媒体的粉丝负增长情况严重，无法保证优质内容的产出能力，以广告为主的单一盈利模式可持续性较弱。自带粉丝光环的自媒体天生就具有社群化的优势，自媒体人应抓住机遇，在运营自媒体的过程有意识地寻找核心用户，将其转化为社群，从社群中获得持续的内容生产能力和商业变现能力。

全书共七章。第一章为绪论，主要阐述了互联网与社群、社群新经济的崛起、社群经济的商业模式、自媒体营销的优势、自媒体营销的相关理论等内容；第二章为社群经济时代社群类型的构建，主要阐述了产品型社群、知识型社群、品牌型社群等内容；第三章为自媒体平台运营现状与未来走向，主要阐述了自媒体运营的媒介视角分析、自媒体运营的经济视角分析、自媒体平台运营存在的问题、自媒体平台运营的未来走向等内容；第四章为社群经济时代微博平台的营销策略，主要阐述了微博引发的营销革命、社群经济时代微博社群营销的策略等内容；第五章为社群经济时代微信平台的营销策略，主要阐述了微信的社群功能应用、社群经济时代微信社群商业的解读、社群经济时代微信社群营销的策略等内容；第六章为社群经济时代QQ平台的营销策略，主要阐述了腾讯QQ的社群功能应用和社群经济时代QQ社群营销的策略等内容；第七章自媒体格局下必须掌握的营销手段，主要阐述了病毒营销、事件营销、口碑营销、饥饿营销、互动营销、情感营销、会员营销等内容。

为了确保研究内容的丰富性和多样性，在写作过程中参考了大量理论与研究文献，在此向涉及的专家学者们表示衷心的感谢。

最后，限于作者水平有不足，加之时间仓促，本书难免存在一些疏漏，在此，恳请同行专家和读者朋友批评指正！

作 者

2021年1月

# 目录

# 第一章 绪论

随着大数据5G信息化自媒体时代的到来，企业传统市场营销模式已不能很好地满足经济社会发展需求。社群营销是自媒体时代营销产物，正逐步进入主流市场，并推动着经济社会的发展变革。本章分为互联网与社群、社群新经济的崛起、社群经济的商业模式、自媒体营销的优势、自媒体营销的相关理论五部分。主要内容包括：社群新经济的兴起、社群经济的研究进展、商业模式的概念、商业模式的构成要素、社群经济的商业模式探讨等方面。

## 第一节 互联网与社群

### 一、互联网与社群的关系

“社群”（Community）这个概念最早来源于古希腊。著名哲学家亚里士多德曾经指出，人与生俱来就是具有政治思想的动物，“人以群分”是人类的自然属性，在人们聚集而成的全部群体形式中，具有政治体制的社群是最高级别的群体，因为其追求的根本目标是满足全体社群成员的利益，希腊城邦就是这类具有政治体制社群的典型代表。由此可见，社群存在的目的是追求全体成员的共同利益。

人类以群体形式开展的活动一般都具有地域临近性或者观念一致性的显著特征。在拉丁语中，“社群”这个词就包含具有共同价值目标的群体性活动的含义。英国著名学者彼得·沃斯利在其著名人类学著作《The Trumpet Shall Sound》中指出“社群”广义上的定义：社群是通过某种关联关系聚集而成的集体，是社会结构中的重要组成部分。社群所包含的主要内容有群居人群、群体文化、地区界限、关联关系以及情感认同等。

自诞生时起，人类就以群居的状态生活在地球上。在原始社会中，依据血缘关系或地域临近而形成了“部落”集体，在地域、文化、语言、生活习惯等方面具有鲜明的特色。在我国漫长的封建制度社会体系中，依托血缘、亲缘、地缘关系而建立的“宗族”在很长时间内占据着十分重要的统治级地位。在近代中国的部分农村，仍然沿袭着宗族式的群体。进入近现代社会，融合了民族的特性，形成了“族群”。“族群”狭义上是指特定民族的群体，这些民族群体具备地域临近、血缘亲情、语言相似、文化互通的显著特点，随着“族群”的不断发展成熟，后期被用来表示社会中使用相同的语言、拥有同样的信仰、传播共同的文化的人民集合体。此后，随着城市化进程快速稳定的发展，形成了具有深入互动关系、专业化服务功能和社会文化维系能力的“社区”。

互联网突破了时空界限，突破了人与人之间信息传递的方式，人们可以基于网络信息介质而进行顺畅的联络通信。而移动互联网的出现更加促进了人与人之间的实时连接，将拥有共同信仰、兴趣、偏好、需求的人们聚集起来，亲缘属性、地域间隔、身份特征等条件在网络中不断被弱化，社交互动、情感表达、兴趣探索以及共享共赢等功能不断增强，通过实时在线和移动交互，为人与人之间的互动连接提供了方便快捷、全面系统的服务和体验方式，人们全面进入了“社群化时代”。

胡泳在《社群经济与粉丝经济》中指出，与传统“族群”“社区”概念不同，当前基于互联网而形成的网络社群突破了传统社群理念，打破地域时间区隔，实现了人与人之间的实时连接和深入交流，对于经济社会的发展具有强大的促进作用。互联网社群的发展主要依靠社群成员所形成的价值认同和情感归属，进而由兴趣社交进一步向资源协作和价值创造延伸。王战在《社群经济背景下的品牌宣传与营销策略研究》中指出，互联网的普及与应用使大众重新回到部落时代。海量复杂的信息使人们对于信息的选取和甄别越来越困难，互联网社群的出现使得繁多的信息在社群中具有鲜明的特色和专业的内容，这样的特征一方面充分满足了社群成员个性化、差异化的需求偏好，另一方面强化了社群本身在产品、文化、品牌上的特质表现。社群经济的核心在于建立人与人之间紧密的连接互动关系，使人们在互联网中可以重新回到“部落社会”。

## 二、互联网社群的主要特征

互联网社群具有以下特征：技术依赖性、时空无限制性、去中心化。互联网社群的产生和发展与网络技术进步密切相关。互联网的连通性打破了时空界限，互联网社群的成员也不再局限于血缘和地缘，能够实现即时交流和信息共享。互联网社群的形成常为自发性的聚集，因为共同的爱好、价值观、行为方式聚集成群体，并通过内部集体活动逐渐形成一种亚文化，形成“去中心化”

的多元文化现象。

### 三、互联网社群的社会影响

经济方面，建立和经营其消费对象的互联网社群可能成为企业商业活动的前提。社会消费行为、生产目标也会随之改变。

文化方面，网络社群构建了多元的社会认同形态。社群成员持续互动，产生共同文化心理，并主动建构社会认同。在主动建构的过程中，成员基于能力、影响力而不是运用权力完成自己的职责，从而构建更加平等、高效的成员关系。可见互联网社群不仅能满足人们的社交需求，更关乎创造和发展。

### 四、互联网社群的行为规律

互联网社群以兴趣和情感为核心形成一种亚文化传播现象，让人员关系从技术连接发展为情感共振。社群成员因为共同的兴趣和信息需求聚合在一起，并在持续互动的过程中进行价值观匹配，成功匹配者将形成对社群的文化认同和情感黏结，进而在这种认同和情感下进行更深层次的社会交往。由于网络的弱控制性，互联网社群成员的身份认同更加强烈，并能在网络中重塑自己的形象。

## 第二节 社群新经济的崛起

从物以类聚走向人以群分，商业上的社群化或者圈层化趋势越来越明显。随着互联网的普及和信息技术的发展，人呈现出“物”化现象，人与人之间传统的弱连接关系发生了根本性的改变，产生一种打破时空界限的人际关系的连接塑造方式，基于互联网的社群经济迅速兴起。

### 一、社群新经济的兴起

#### （一）社群经济的形成脉络

从古至今，人类始终以“群居”的状态生活着。从原始社会的“部落”，到封建社会的“宗族”，到现代社会的“族群”，再到当前时代的“社区”，以及更高形式的“社群”，人们的群居状态历经了多种形态的演变。随着网络信息技术的发展，人与人之间沟通与交往的自由度和便捷性不断提升，时空界限被彻底打破，个体能量和群体智慧之间相互激发，由此创造了巨大的社群价值。

社群经济是在整个社群生态系统中将社群和成员的需求结合起来，通过交易满足消费者不同层次的价值需求的经济形式；社群经济是将具有相同兴趣爱好和价值诉求的用户组织起来，共同进行信息分享、情感交流和需求激发，进而形成对产品品牌价值贡献的过程。社群经济从传统网络经济时代注重人机交互升级为重视人与人之间的互动交流和连接沟通，更加关注基于人人互联下的价值创造关系。

早期形成的互联网社群主要使用新闻频道群组、网络聊天室、社区论坛BBS以及博客等网络社交工具，基于这些载体，人们打破地域间隔，首次实现网络化社群聚集。随着网络信息技术的不断发展，以微信、QQ、微博、论坛、贴吧等信息文本型社交媒体，以抖音、快手、西瓜、火山为代表的视频直播型社交媒体以及自建APP、自建网站形式的自建社交平台的迅速兴起使社群经济的形态发生了深刻的转变，此时的互联网社群不仅实现了人的聚合，而且还实现了信息、商品、文化、价值、服务等多重内容的紧密连接。互联网社群除了具备基础的信息传播和社会交往功能以外，还附加了情感沟通、价值创造和利益传递等多重功能，社群经济已见雏形并在持续的进化当中。当前，社群经济已经发展成为依托移动互联网而进行深入连接、互动交流、情感体验、共享协作的具有自组织再生产特点的经济形态，在知识学习、商品零售、金融服务等众多领域中都有重要应用和突出表现。

### （二）社群经济与其他经济形态的关系

社群经济是数字经济时代下产生的新兴经济形式，是改变互联网的一场新革命。社群经济是网络经济的重要组成部分，是网络经济与实体经济互联互通的重要途径。同时，社群经济是粉丝经济的进化和升华，社群经济改变了粉丝经济以内容产品为核心的中心化单边经济模式，通过强化用户体验、满足情感诉求、维系成员关系，不断提升用户的参与感和活跃度。

“粉丝”（Fans）意为喜好，在数字经济时代粉丝不仅是一个群体的代称，更是一种身份的标识和新的社会关系。伴随着互联网的快速发展，粉丝经济成为新兴的一种网络商业模式。粉丝经济是指基于粉丝与其崇拜对象（可以是明星、网红或者各行各业的知名人士）之间的追随关系，形成经济价值创收的商业行为。粉丝经济是以高质量、高关注的精彩事件感染目标受众，不断提高用户黏性和活跃度，并通过粉丝间的相互交流开展品牌推广进而创造经济价值并产生社会影响的商业模式。网红经济属于粉丝经济中的一种特殊类型。

社群经济不同于粉丝经济，主要区别如表 1-1 所示。二者的本质区别在于社群经济是“去中心化”和“自组织”的，社群成员是其核心要素，成员由有共同兴趣、认知和价值观的人构成，成员之间以“多中心”且“中心快速迭代”的网状结构连接，通过成员之间高频度深层次的互动交流链接商业价值，以实现多方互惠互利，利益共创共享。而粉丝经济是“中心化”的，产品及品牌是其核心要素，众多粉丝围绕以“明星、网红以及名人专家”形成的品牌中心展开自上而下的单向互动，由主体承担信息发布与传递，粉丝之间缺乏互动沟通，以此实现某种产品的高强度消费或由品牌崇拜而产生的价值增值。

表 1-1 社群经济与粉丝经济的主要区别

| | 社群经济 | 粉丝经济 |
|---|---|---|
| 本质区别 | 去中心化的 | 中心化的 |
| 核心要素 | 成员用户 | 内容产品 |
| 成员组成 | 有共同兴趣、认知和价值观的人 | 明星、网红、名人专家及其粉丝 |
| 组织形态 | 网状结构 | 由中心自上而下的单向互动结构 |
| 生产关系 | 互惠互利、共创共享 | 实现某种产品的高强度消费 |

## （三）社群经济兴起的现实意义

### 1. 社群经济重塑企业组织运营的基本逻辑

社群经济的兴起对企业组织关系进行了重新设计，逐渐发展出一种不同于传统经济形态下的新型组织运营方式。

一方面，企业由订单式生产变为定制化生产。在制造端，通过社群交互挖掘用户需求，并组织社群用户参与产品的研发、设计、试验等过程，形成了交互式制造模式。在这种模式下，用户对产品的需求和评价在交互过程中不断碰撞，从而衍生出更具普适性和创新性的创意和功能，这些新功能经社群用户体验后，又可根据反馈意见针对性地作出调整和升级。

另一方面，企业由渠道为中心变为用户为中心。在营销端，企业可以基于社交网络与用户建立深入的联系，并依托社群的聚合力和裂变性，实现快速广域的扩散，建立新的用户关系网络。在此过程中，企业能更精准地寻找用户、沉淀用户，有效聚合碎片化流量，构建垂直用户群体，并通过交互了解用户真实需求，从而实现个性推荐、精准营销。

**2. 社群经济从供给和消费两端推动经济发展**

建立以用户为中心的服务模式和产品模式是社群经济的基础。在供给侧，用户需求导向的产品和服务能够驱动企业研发模式、生产模式、营销模式的转型升级，实现柔性化、个性化和动态化，重构了匹配用户个性化需求的供应链系统和组织架构。在需求侧，社群交互能够激发用户产生新的消费需求，从原有的标准化产品需求转向个性化、定制化，形成基于新的消费习惯和消费理念的消费增量。

**3. 社群经济改变生产者与消费者之间的单向关系**

在社群经济的影响下，生产者与消费者之间的价值互动过程产生了本质改变，这一转变表现为由传统的单向价值传递关键转变为双向价值协同关系。社群经济重新定义了人与一切的关系，包括企业与用户、用户与产品的关系等。社交媒介为聚焦同类兴趣和特质的用户群体，吸引用户群体发挥主动性和创造性，参与产品创意和产品开发提供了技术支撑。社群的平台性、虚拟性、互动性、无限时空性，决定了企业和用户、用户和用户之间有了直接沟通渠道，在各自利益驱动下走到一起，逐步走上创造共同价值最大化的道路。在这一过程中，生产、分享、销售、消费、再生产交织发生，消费者将充分发挥自身的创造力，积极主动的参与产品的设计、加工、制造与再加工，通过创造性消费来彰显个性并实现自身价值，从而获得更大的成就感和满足感。消费者既是设计、定制到生产过程甚至是价格制定过程的参与者和决策者，也是直接受益方。

**4. 社群经济是连接网络经济和实体经济的强劲纽带**

在网络经济和实体经济的融合探索中，社群经济能够起到强纽带作用。不同于电子商务中个人只是单一的消费者身份，社群经济中的个人以数字身份参与到经济活动的多个环节。社群经济是我们从实体世界向网络世界迁徙过程中所面临的数字身份、数字世界的组织形式，是数字经济形态的内驱动力，是加速产业转型升级、带动消费持续增长的重要力量。

## 二、社群经济的研究进展

随着社群经济研究的不断深入，将围绕社群经济的相关研究划分为兴起期、发展期和升华期三个阶段。

## （一）社群经济研究的兴起阶段

在社群经济的研究当中，“品牌社群”的概念最早出现，最早可以追溯到21世纪初。穆尼兹（Muniz）等在《Brand community》中指出品牌社群是以品牌为中心的消费者之间的关系。亚历山大（Alexande）等在《Building Brand Community》中指出品牌社群以增强用户的体验感受作为经营核心，重点关注用户、产品、品牌和供应商之间多元关系的建立。陈刚在《创意传播管理——新传播环境与营销传播革命》中指出基于移动互联网和社交媒介平台，企业与用户能够实时互通、深入互动，充分激发用户的参与性与创造性，从而不断提升品牌的经济价值。斯考滕（Schouten）等在《Transcendent customer experience and brand community》中指出，品牌社群通过组织形式丰富的社群活动能够给用户带来深刻的消费体验，提高用户的活跃度和忠诚度，进而创造可观的经济价值。杨伟文和刘新在《虚拟品牌社群价值对品牌忠诚的影响实证研究》一文中将品牌社群拥有的价值划分为用户心理价值、社会文化价值、外部连接价值三种类型。

## （二）社群经济研究的发展阶段

在这一时期，社群经济的研究更加清晰深入，研究中不断明确社群经济的研究范围和研究对象，并且就社群经济与传统经济、粉丝经济等经济形态进行对比研究。

李璐在《社群经济的发展演变及启示》一文中指出，社群经济从产生到现在已经经历了很长一段时间，只是早起并没有形成较为完整的经济形态，用户数量和产品内容的变现能力是社群经济发展中最为重要的两个因素。文中将互联网社群划分为三种类型，即平台型社群、产品型社群和网红型社群。平台型社群是社群经济发展早期的最初形态，这种类型的社群形式实现了产品内容和用户群体基于互动关系的结合。产品型社群加深了企业产品与用户连接的紧密程度，逐渐培养活跃用户和关键用户，不断提升用户的参与感和创造力。网红型社群是比平台型社群和产品型社群更加高级的社群形态，意见领袖和网络达人的核心地位不断凸显，社群凝聚力不断提升。

就社群经济不同于粉丝经济，胡泳和宋宇齐在《社群经济不等于粉丝经济》中指出社群经济与粉丝经济的区别在于社群成员间的连接程度、社群成员与领袖主体间的互动深度以及社群的组织维护形式三个主要方面。魏武挥在《社群经济与粉丝经济》中认为社群经济与粉丝经济的本质区别在于其自组织性。陈建英等人在著作《解密社群粉丝经济学》中指出，社群经济中用户与用户之间是相互关联、相互交叉的网络连接关系，社群经济是以服务用户为核心面向群体的经济形态，与粉丝经济以产品为中心的特点截然不同。姚博文在《试分析粉丝社群经济与传统经济的异同点——以吴晓波频道为例》中通过案例分析探讨粉丝社群经济与传统经济的不同之处，文章认为粉丝社群经济是粉丝经济与社群经济的结合，社群经济的发展重点是将志同道合的用户集结起来，通过组织运营不断提高用户参与性和积极性的过程。吴超等在《基于社群经济的自媒体商业模式创新——“逻辑思维”案例》中将社群经济与粉丝经济进行对比，挖掘其二者的本质差异，提出社群经济的核心要素是拥有共同兴趣爱好和价值观念的用户成员，社群经济发展的关键是对于用户兴趣偏好和价值认同的培养和挖掘。

基于学者们对于社群经济的研究与探讨，社群经济指的是将具有相同价值观或者喜好的消费者，通过互联网汇聚，建立深入紧密的交互关系，形成共同认可的价值认同，通过自发组织或者社群引导的方式进行产出消费，从而创造价值实现经济变现的经济过程。

## 第三节　社群经济的商业模式

### 一、社群经济的特点

#### （一）高层次马斯洛需求

在著名的马斯洛需求层次理论中，高层次需求包括社交需求、尊重需求以及自我实现需求。社群价值正符合人对于以上三大层次的需求，在《mUserTracker-2016 年 6 月中国移动 APP 细分领域月度覆盖人数占比》报告中可以发现，影音多媒体使用人数以 95.3%的占比高居榜首，在线聊天达到 92.2%。由此可见，网络社群应用普及为社群广泛传播提供了良好的互联网基建基础，同时用户对社交交际、受尊重程度与自我价值满足等方面的需求也因为社群经济的兴起得到了充分满足。

#### （二）范围局限与拓圈发展

社群本质上是互联网群体中小范围内的集合。一个社群是由有着共同认知、价值观或者兴趣爱好的人组成，在社群中人们通过交流和互动来创造新的价值。

作为单一存在的个体，每个人都有独有的思想。在社群文化这一“熔炉”的存在下，每个独立个体的思想被充分表达和发展，而那些无法在社群里产生共鸣的人则会主动离开，社群的范围也因此被局限在一个小而精的范围内。

### （三）自我无限裂变

社群价值主要是由社群内部的成员在互动中共同创造。在互联网集聚效应被无限放大的情况下，单一品牌效应也可以吸引建立一个社群。相对于传统粉丝模式下的“一对多”，社群已形成“多对多”的商业传播模式。社群本身便具有自我成长与发展的能力，这使得在社群交流协作和成员间的相互影响下，某些社群内的亚文化会进一步产生裂变，生产出更多关联的新兴社群。

### （四）个体创造价值

社群经济较传统经济进化的一点是强调去中心化，社区可以通过内容价值、资源链接价值和途径价值 3 个方面为所有社区中的成员提升社群融入感。而且，社群经济要求社群中的绝大多数参与者共同互动、丰富社群经济生态、创造收益来维持其正常运转。在此期间，每一个社群用户都在此发现并创造属于自己的价值，在帮助社群发展的同时也实现了自我价值。

## 二、商业模式的概念

研究社群经济的商业模式，首先需要定义商业模式的概念以及商业模式构成要素。因此首先对国内外关于商业模式的研究进行了归纳和整理，主要包括商业模式概念以及商业模式构成要素方面，并进行了区分，希望在此基础上提出关于社群的商业模式框架。

商业模式理论最早是由奥地利裔美国著名经济学家约瑟夫.A. 熊彼特提出。熊彼特在 1939 年提出：“价格和产出的竞争并是最重要因素，重要的是来自新商业、新技术、新供应源以及新商业模式的竞争。”虽然国内外学术界对商业模式的研究时间较长，成果也较多，但商界以及学术界至今并未形成统一的商业模式的概念及界定，各学者均站在不同角度探讨商业模式，从而给出商业模式概念及理论体系，例如 Applegate 提出商业模式是对复杂商业现实的简化。

经历了对商业模式的发散性研究后，学术界开始对商业模式的概念进行了归纳和总结，迈克尔·莫里斯（Michael Morris）等将商业模式的定义分为三大类：经济类、运营类以及战略类，经济类商业模式用来描述企业利润产生的逻辑，主要内容包括企业的定价方法、成本结构、收入来源以及潜在利润；运营类商业模式用来描述企业内部流程的运营以及构造，主要包括管理流程、资源流程以及产品和服务的交付方式等；战略类商业模式描述企业的组织边界、市场地位、竞争优劣势以及可持续发展问题，主要包括企业的差异化、企业愿景以及企业价值创造的方法等。

## 三、社群经济的商业模式探讨

### （一）以用户需求为中心点

通过案例分析，逻辑思维在发展过程中，适时地将价值主张从“死磕”改变为“终身学习”，从而满足了用户的需求，得以迅速发展，而这种价值主张也契合了用户的心理，与用户的需求相吻合，这是目前在线虚拟社群运营的优势。用户是虚拟社群得以发展的基础，因此要以用户的需求为中心点，围绕着社群的主题，给用户提供更多个性化的服务，使社群价值主张与用户需求更吻合，从而增加用户满意度。

### （二）关键业务自有化

案例分析中，逻辑思维从最初的脱口秀节目演变为得到 APP，逐步地将渠道及主营业务自有化、品牌化，使流量来源不依靠合作伙伴，稳定了用户流量；同时，其开展了多类型业务，例如保留逻辑思维，增加每天听本书、大师课等专栏，内容及主体也更加丰富，从而满足了用户的多样化需求；在合作方面也积极地扩展合作伙伴，从而丰富知识源，补充公司内部团队无法满足的用户需求。

企业在聚集用户，满足用户多样化需求的同时，需要适时地将社群品牌化，赋予社群品牌的价值观，将主题社群升级为品牌社群，实现与其他同类社群的差异化经营。

### （三）建立社群型用户关系

从逻辑思维的案例可以看出，社群经济企业需瞄准特定人群，为指定用户提供服务，而逻辑思维即是瞄准了“获取知识”的这部分年轻群体，为其提供服务，同时，逻辑思维在 2013—2014 年招募会员时，多次组织了会员活动，从而使会员的归属感及参与感提高，提高了公司的知名度，在得到 APP 成立后，虽有学习笔记及评论区，讨论的话题更加明确，但社群会员此时的互动性却在下降，在同质化社群较多时，会员的用户黏性也会较差，因此，社群型企业应加强用户之间的交流沟通，多对讨论话题进行引导，从而保证用户的黏性。

同时应积极与合作伙伴进行合作，但不能将核心业务完全依靠合作伙伴，即不应打造平台型的商业模式，而是应该将核心资源由企业自身掌握，再满足用户的多样化需求。

## 第四节　自媒体营销的优势

### 一、大大降低了营销成本

移动互联网时代的到来，使得企业营销宣传的方式更加呈现了多元化，同时还大大降低营销成本，毕竟在新媒体时代，很多自媒体营销平台都是免费开放，并且还具有资源共享功能。比如，近几年最为流行的微信、微博、豆瓣等，企业可以在这些平台之上建立起官方微博，或者建立起粉丝群、豆瓣兴趣小组等，不仅可以大力地进行营销宣传，而且还提供了低成本的营销传播。要知道，在新媒体营销时代，只要人们的内容具有可读性、创意性、有价值，广大粉丝或者网民都会疯狂地进行免费的传播。

### 二、提升了广告的创意空间

互联网＋新媒体的发展使社区营销、精准营销、事件营销、病毒营销、数据库营销、反向沟通、互动体验、口碑传播、焦点渗透等各种新的广告形式和营销方法不断出现。在社会化营销中，创意就是我们的营销源泉，新媒体营销就会发挥出强大的力量。创意是可遇不可求的，但是一旦拥有了创意，并通过用户的参与，其整个营销的效果就有极大提升。

移动互联网新媒体不断拓展新的营销传播方式和手段，正将解决传统媒体创意枯竭的问题。通过新媒体这个载体，将更多创造性的元素融入整合到营销传播当中，对于企业战略转型和整合营销传播的完善和发展都具有关键意义。而创意创新经济自身蕴涵着巨大的能量，创意元素成为当今企业和产品竞争中最为重要的一环。

## 第五节　自媒体营销的相关理论

### 一、自媒体

在人类历史的长河中，信息的传播方式、手段总是在不断地发生变化，推陈出新。但真正使传播发生历史性变革的，不是传播信息的速度加快和广度延伸，而是传播主体的变化。

自媒体概念的出现最早是在博客时代，2001 年美国作家丹·吉尔默（Dan Gillmor）在自己的博客上率先提出了“新闻媒介 3.0”的概念，即认为是网络点对点（Peer to Peer）的传播方式，结合分享（Share）和链接（Link）两大特征，造就了以博客为代表的自媒体。2003 年 7 月，美国新闻学会（The American Press Institute）的媒体中心出版了由谢因·波曼（Shayne Bowman）与克里斯·威理斯（Chris Willis）联合提出的“We Media”研究报告，将自媒体定义为一种由公民在搜集、报道、分析和传播信息的过程中发挥积极作用的行为。这里肯定了大众的传播主体地位，表明了自媒体具有大众化、社交化的特征。

我国民众接触博客的时间较晚，但自媒体发展迅速，呈西风东渐之势，学者们关于自媒体的研究也极具本土化特色。有的学者称自媒体是新技术催生的个体传播主体，也有学者将自媒体定义为个性化传播渠道，其中较为人所熟知的是喻国明教授提出的“全民 DIY”概念，他认为自媒体改变了传统的信息传播模式，转变为人人皆可参与表达的受众 DIY 式传播。而代玉梅教授则表示自媒体是通过参与公共信息的生产和流通过程，能够重构媒介空间的信息格局和消解权威机构的信息控制势力。

虽然对于自媒体的概念，学界尚未得出一致结论，但自媒体的特征已经在学者们的定义中得到体现。首先自媒体是依托互联网发展起来的，互联网是其生长土壤，是其重要的技术支撑。其次是传播主体变更，大众传播时代总是一对多的扇形传播模式，人们习惯作为受众去聆听，而互联网的到来，让人们产生了表达的欲望，因为互联网本身就带有社交属性，在这样一个全民分享的环境中，表达欲和参与感能够自然而言地得到激发，更多平民化、大众化的自媒体开始涌现。最后是去中心化、去组织化，有的学者把自媒体的这一特征概括为个性化，其实都是相通的。言论的自由带来了观点的碰撞，人们自然不会再紧紧围聚在一起只听取一家之言，规则在改变，组织在重组，这是一个不断变化的过程，而这个变化的源头就是个性化。

通过上述学者对于自媒体的理解不难发现，随着时代的发展，人们更加注重自身感受，注重体验。相比能够说“对”话的传统媒体，自媒体是能够说“中”受众内心感受，激发共鸣的媒体。由此，自媒体是依托互联网平台发展起来的，由个人或群体自主生产内容、传播信息、表达意见、输出价值观的数字化媒体。

需要说明的是，自媒体行业发展迅猛，变化迅速很难把握，无论是按照媒介形态还是按照内容类型都很难作出种类界定，学界尚无定论。

## 二、自媒体营销

所谓的自媒体营销，从字面意思上来理解，就是在三网融合的背景下构建信息平台来实现的。而成功的自媒体营销离不开品牌、广告和营销三角关系的支持。社交媒体的出现成为发展自媒体营销的关键工具。当然，要想真正实现有效传播和营销，达到品牌建设的效果，需要制定一个全面整合的营销传播计划，除了科学的运用社交媒体，还需要有针对性地使用各种媒体进行混合传播。

节目官方网站是网络媒体中最容易查看的平台，也是宣传的主要端口，因此宣传内容显得尤为重要。《爸爸去哪儿》官方网站不仅包含了节目视频、节目拍摄花絮图片，并且还有投票活动，这样有助于节目与观众的互动，也可以适当收集观众的“心声”，使节目更加符合观众的收视需求。

随着智能手机的普及，移动终端已成为消费者一天接触时间最长的信息获取渠道，因此提高移动终端的曝光率，无疑是营销的重点。除了常规微博、微信等社交平台里软性宣传外，近年兴起的短视频（如抖音、快手等）APP 平台可以为营销提供新的思路。

## 三、自媒体社群营销

### （一）自媒体社群营销概况

在中国互联网发展初期，网络社群并不引人注意，粉丝经济占据主要地位。博客时代，徐静蕾、韩寒等名人受到亿万粉丝的追捧，形成明星放大传播效应。但随着自媒体的发展，越来越多的普通人参与进来，传递知识和思想，表达自己独特的价值观，同时有效的互动加速了自媒体人的曝光、成长和变现，他们的崛起消解了明星的影响力和辐射面，“去中心化”的自媒体社群营销传播模式也就自然而然地发展起来。

社群是由一群志趣相投的人组成的，他们之所以聚集在一起，肯定是基于共同的精神诉求。社群内日常谈论内容体现出成员所思所想，这正是帮助自媒体人了解用户需求、精准对接、开展营销活动的好去处。同时社群成员通过交流互动相互连接，彼此产生感情，无形中会形成对社群的归属感，帮助自媒体运营人员不费吹灰之力就达到了留存用户的目的。

由此，所谓自媒体社群，是随着网络技术发展起来的，借助某个自媒体账号相互连接，基于趣缘或相似价值观自主发展起来的用户关系链网络。是在社交平台上缔结的，由自媒体核心人物引导的，以社群文化认同感为基础的群体组织。

而自媒体社群营销，则是在自媒体社群中发生的营销活动。狭义的自媒体社群营销，是指自媒体在由用户组成的群组里进行的产品宣传。广义的自媒体社群营销，则是涵盖线上线下，以社群用户为对象，不断输出信息寻求认同，不断延伸产品形态优化服务，以营利和扩大影响力为目的，以期获得可持续发展的营销模式。

## （二）自媒体社群营销特征

### 1. 提高分享便捷性

病毒营销始终依靠高频的信息重现，主要按照大众传播模式，难以激发受传者自发分享。口碑营销从不缺乏用户的积极参与，但都是点对点的人际传播，影响范围小。而社群营销的传播路径，不仅包含大众传播、人际传播，而且还包含群体传播和组织传播的特质。不同于二级传播理论，这里的传播内容会直接流向社群意见领袖和一般受众。虽然意见领袖仍发挥着中介的作用，但其传播信息会融合自己的创造和思考，不是原有信息的复制粘贴。同时，社群营销的传播过程也不是逐层下放模式，而是点对点、点对面的不断交叉传播，提高了信息传播的时效性，方便用户实时分享，实时反馈。

### 2. 内容在传播中创造

口碑营销的传播内容多为产品体验，病毒营销的传播内容多为产品宣传，而社群营销的传播内容则是包含了以上两个方面，且传播形式更丰富，效果更持久。传播者和受传者之间身份的转换，进一步激发社群成员的参与热情，成员间积极讨论，建言献策，不仅能够帮助自媒体精准把握内容创作方向，而且能够及时修正错误，把内容打磨得更完善。

**3. 传播效果持久**

病毒营销最常见的形式就是“转发抽奖”用鼓励机制刺激用户传播，活动一旦结束，用户便会删除信息，中断传播，持久性不强。同时，大众似乎已对这类转发信息形成“抗体”，不会真正接收其宣传内容，宣传效果并不显著。而口碑传播依靠忠实用户的自主性，需要合适时机的加持，很难辐射开来。于是，社群营销的优势就凸显了出来。社群成员的传播活动和分享行为都是自发的，都是在愉快的过程中进行的，内容生产者、消费者和传播者三重身份在他们身上是任意转换的，不会轻易中断传播，也不会产生负效应，实际上就是“口碑效应”的最大化。

# 第二章　社群经济时代社群类型的构建

当下的自媒体已进入相对成熟的发展阶段，如何持续的运营下去已成为摆在所有自媒体面前的问题。麦克卢汉曾预言：媒介的发展使人类社会经历“部落化”“非部落化”后，将“重归部落化”，这个预言在如今逐渐演变成现实。社群化已成为人类的生存状态之一。本章分为产品型社群、知识型社群、品牌型社群三部分。主要内容包括：社群势能＝产品质量×连接系数、自媒体知识型社群概述、自媒体知识型社群建构的动因、自媒体知识型社群的运营、品牌型社群的概念、体验视角下的品牌社群等方面。

## 第一节　产品型社群

### 一、产品型社群的提出

在工业时代和互联网时代，建立以品牌社群经济确实会为厂家取得不少高忠诚度的粉丝。但是在当下移动互联网大行其道的今天，以强有力的产品为核心建立的产品型社群会更加适应当下的经济环境主要有以下几点原因。

第一，如今商业竞争激烈，产品和品牌同质化严重，如果不能推出不断创新的产品，只追求品牌的建设的话，是很难在瞬息万变的竞争中继续生存的。所以像苹果、小米、腾讯等很多公司都开始注重产品的研发，为的就是提高用户的使用体验，使得用户乐于自发地形成产品社群，从而起到培养消费者黏性的目的。当品牌失去了强有力的产品作为支撑以后，纵然消费者对品牌的认同度再高，品牌社群再强大，他们也会去选择更好的、更加符合消费者需求的产品。这方面最典型的例子就是诺基亚公司。2006 年第四季度，诺基亚的手机出货量为 1.055 亿部，全球市场份额高达 35.2%；而到了 2012 年第一季度，出货量下降到了 8300 万部，市场份额下降到了 19.1%。诺基亚的智能手机在 2008 年以前确实独占鳌头，但是自从 iPhone 系列和 Android 系统出现以后，它们相对于诺基亚的塞班系统优势明显。然而，由于诺基亚忽视了产品的创新，在出现了用户体验更好的操作系统以后也没有及时作出改变，导致越来越多的用户转投其他产品。从品牌社群来看，诺基亚的品牌社群仍然存在，但主要是以怀旧为主，他们大多数仍然在用着其他公司的产品，这并不能给诺基亚带来任何利润。最终在 2013 年 9 月，微软以 72 亿美元的价格完成了对诺基亚手机部门的收购。

第二，高节奏的现代生活导致人们接受一个新事物的时间很有限，只会接受并主动了解那些很短时间内就能让他们有兴趣的，能找到用户痛点的产品。通常情况下，一个品牌的建立，需要经过很长时间的经营，包括建立价值观，树立品牌形象等内容。这在商品更新换代速度越来越快的今天，这样做可能就延误了产品研发和上市的最佳时间。如果能将好的产品直接推向市场，得到了大众的关注并形成粉丝社群以后，消费者自然就会对产品背后的公司背景和文化产生兴趣，从而带来更多的经济效益。

于 2010 年 4 月成立的小米公司，品牌宣言是“为发烧而生”。“为发烧而生”是产品定义，而不是市场定义。即用发烧友的品质来要求产品，但作出来的产品要让所有的消费者尖叫。在智能手机竞争十分激烈的时代，小米选择了高配低价的方式做手机。在苹果 iPhone 系列动辄就四五千的售价面前，小米手机这一款产品能做到与iPhone系列相差无几的配置，但是价格却低了很多，这能迅速引起大批消费者尤其是年轻消费者的注意力，而他们又是互联网上面的活跃分子，通过各种网络媒体的传播，迅速为这一款产品打开了知名度，从而也提升了产品背后的公司——小米公司的知名度。通过“让用户尖叫”的发烧产品，小米创业 4 年时间，年销售额做到 280 亿元人民币，公司估值已超过 100 亿美元，并且累积了大量的“米粉”，形成了很壮大的产品社群，创造了一个个的业界奇迹。

第三，对于新兴公司来说，将成本花费在产品研发上面的回报会比花在品牌宣传上面高。许多互联网企业刚刚成立之时，并没有很多用于宣传品牌方面的经费。有很多成功的互联网企业在成立初期都是专注做产品，让产品本身成为宣传媒介。经过一段时间的口碑积累和产品完善，就能顺利地形成社群经济，从而在商业上取得成功(卖出大量商品或者服务、获得融资等)。这里以“MYOTee 脸萌”手机软件为例，这款软件可以让用户从海量的脸型、发型、五官等海量素材中自由搭配，生成漫画风格的头像并在社交网络分享。它在 2013 年底在手机软件市场发布，在 2014 年 5 月 31 日到 6 月 2 日短短 4 天时间里面，iOS 和 Android 平台下载量就达到了 119.3 万次。然而，这款软件在各个媒体上没有做任何宣传，而是通过社交媒体以及各大网站的报道和推荐让人们所熟悉。这款软件成功的背后是一个新成立不久的创业公司，整个团队是产品导向型的，公司到目前为止都没有一个运营人员。在软件上线以后，创始人每天都会召集团队一条一条读用户反馈，产品也保持一周一个版本迭代的速度。团队初期主要着力点还是做好产品，提升用户数和黏度。由于脸萌团队对于产品社群的坚持，使得脸萌软件能以很适合中国用户的画风创造出和用户相似却又很可爱的头像。在初期接触到产品的用户体会到了软件带来的方便和乐趣，通过微信、朋友圈、QQ 等社交方式的分享形成了社群。形成社群以后，再推出虚拟商品、个性化礼品、品牌广告植入等服务就比较容易获得较丰厚的利润。

## 二、产品型社群的建立

产品社群作为一种新型的经营模式，对于处在当下移动互联网时代商业环境的公司尤其是新兴的公司来说是十分有效的。以产品为核心来建立产品社群对于培养核心消费者和吸引大量的关注者，不仅能通过延伸业务创造大量收益，也能在长期竞争中为企业带来优势。在实际经营过程中，可以从以下几方面着手建立一个成功的产品社群。

### （一）努力寻找用户痛点，以此为突破口开发产品

如今商业竞争十分激烈，各个行业都趋于饱和。很多成功的企业都是从寻找用户的痛点为出发点来做产品。微信的出现以及各个版本的更新都是为了解决人与人之间沟通的多样性和方便性的问题。墨迹天气的空气果可以实时检测空气中的各种指标，正是抓住了最近几年不断恶化的空气环境，人们越来越关心自己每天身边呼吸的空气是否干净的心态。运用互联网思维和颠覆式创新，开发出能让顾客耳目一新的产品，而这个产品不仅仅限于实体产品，也包括提供的各种服务。罗振宇的“逻辑思维”是一档知识性脱口秀类栏目，找到的用户痛点是年轻一代有求知欲但是却因为生活节奏快等原因没有时间读很多书，从而获得了大量粉丝。还以此产品为核心推出了一系列产品，比如线下活动、书籍、C2B 定制等，在 2013 年年底进行的会员招募中，一天便轻松募集 800 万元。这个过程需要有敏锐的观察力和颠覆式的创新精神，需要反复论证和开发才能得到一个好的产品。

### （二）积极从早期消费者那里获得反馈，建立沟通平台

这个过程是挖掘使用产品的核心消费者的关键过程。在用户接触到了产品

以后，由于每个人的需求不同，外加产品本身在设计的时候一定会有很多没有想到的细节，甚至一些核心消费者会主动提供一些很有价值的意见和建议。此时要建立起一个畅通的沟通平台，能让消费者的意见顺利地到达产品团队。消费者得知产品团队看到甚至接受了自己的意见并对产品作出改变时觉得自我价值得到了体现和认同，就会找寻和自己有着同样追求的其他消费者，从而组成初期的社群。而这个社群又是具有自我繁衍、自我扩张的能力，社群成员会通过社交网络和自媒体进行传播，甚至有些社群成员还是明星、名人，社群规模扩大的速度会更快。一个成功的产品社群建立甚至是不用花费任何宣传费用的，只要找准了定位和核心消费者，他们组成的初期社群会将产品通过各种方式传播出去并形成更大的社群，以此逐步形成了产品社群的主体。

### （三）举行线上宣传和线下活动，使产品更加富有生命力

这里的宣传和活动有两个方面，一是产品初期的推广宣传，二是在产品社群初步形成并有一定规模的时候举行的以巩固和扩大社群为目的的活动。在产品初期的宣传主要还是侧重于产品本身，产品为用户解决了什么问题或者与用户产生了哪些情感和价值共鸣，以挖掘初期的核心消费者。当产品社群有了一定规模之后，举办线下活动和线上宣传有利于巩固和进一步扩大社群规模，从而在长期竞争中取得优势地位。此时的活动可以加入产品背后的品牌故事甚至是创始人的创业史等与品牌建设相关的内容，让消费者产生价值共鸣，使得社群成员的忠诚度和黏性更加提高，并自愿地向周围的潜在消费者为产品进行宣传，从而进一步扩大产品社群。

## 第二节　知识型社群

### 一、自媒体知识型社群概述

2003 年，谢恩・鲍曼和克里斯・威利斯将 We Media（自媒体）定义为是普通大众经由数字科技强化、与全球知识体系相连之后，理解与分享关于他们本身事实、新闻的途径。戴尔・帕斯金和安德鲁・纳金森在《崛起的媒体重构全球社会》中，将自媒体界定为“一种将超越机构对新闻和信息控制力的力量。”通过对“自媒体”文章进行分析，发现学界对于自媒体的定义大多来源于国外的报告和综述，近年来，我国自媒体也在逐渐发展，成为不可缺少的力量，成为学者们研究的重点，但对于自媒体尚无统一的定义，大多还是以 2003 年谢

恩·鲍曼和克里斯·威利斯的定义为主。国内有学者认为自媒体应该是“信息传播者通过网络手段，以个人认识为内容选择标准，以个人语言偏好为基础，向人们进行的个性化信息传播”。最初人们认为的自媒体大多是一个人单独运营的，伴随互联网的发展，自媒体的内涵与外延不断丰富和完善，组织化、团队化的自媒体逐渐兴起。罗振宇认为，自媒体所强调的应该是“人”的属性，自媒体提供的内容不以媒体机构的意志为转移，与规模无关。上海交通大学的魏武挥认为自媒体是“由一个人（或者非常有限的几个人）来运维的彰显出强烈个人风格特征的数字化媒体”。他认为，“自媒体”的“自”代表着主观看法，与以往大众媒体一统天下的单向传播的局面形成了鲜明的对比。因此，综合上述观点，自媒体是包含独立个体运营，以及借由团队组织来运营两方面，生产内容具有与众不同的个人风格及特点，并且团队运营仍然是建立在个人品牌化的基础上，最终是盈利为目的的个人或组织。移动互联网的迅速发展，使得人们对知识有了新的渴望和追求，碎片化的知识产品适应当前社会的发展。且“知识”不同于线上教育教授的知识，线上教育是通过严密教研体系，招聘和培训一批教师和教学管理人员，结合相关考试或教育科目对学生进行的知识的传授。“知识”双方要满足这样的条件，贡献知识的一方是基于自身的认知盈余、个人经验来生产、分享知识，并具有完全的知识体系，进而来盈利的个人或组织；获取知识的一方是基于个人发展的需要，为满足个人提升自我、解决非考试类的知识需求。而知识型社群就是围绕上述定义的知识产品而建构和运营线上社群，学者杜智涛和徐敬宏则提出：“知识社群是稳定的知识生产者凭借个人魅力和固定观念在相对固定的‘粉丝’中构成的组织。”根据速途研究院的调查结果，知识型虚拟社群已成为我国当今六大互联网社群之一，并呈现出不同的表现形式。主要包括基于自媒体的知识社群（如逻辑思维、十点读书社群）、基于知识型网络社区的知识社群（如知乎）和基于视频网站的知识社群（如网易公开课社群、“我要自学网”知识社群）。自媒体知识型社群一开始多由自媒体创办的微信公众号被人们熟知，随后为了进一步留存用户，意见领袖或者公司运营人员为社群的创建和发起者，负责整个社群的运营，他们会制定一系列规则保证社群的良好运营。同时基于盈利的目的，自媒体品牌会开展一些付费的课程及活动，持续性吸收付费的会员加入专属社群，满足用户更多需求，并且通过一系列方法努力实现自媒体品牌的长远发展。知识型社群的载体比较多元化，早期主要以微信公众号为载体，关注微信公众号的用户组成了社群。随着社交媒体的逐渐兴起，百度贴吧、微博、豆瓣等社交平台也逐渐兴起，作为社群的载体同时存在，用户通过社交平台互相交流知识产品相关动态，同时为了更好地聚集和管理用户，各个自媒体品牌还开设了微信群和 QQ 群作为社群载体，相关数据显示，虚拟社群中微信群所占比例为 61.1%，QQ 群为 50%。如今使用知识产品的用户大多是成年人，使用微信更多，因此，微信群作为知识型社群的载体对用户进行初期的留存，QQ 群更适合传送文件，方便知识内容的保存。同时由于自媒体品牌自身发展情况，到后期用户人数不断提升，会对用户进行分层处理，根据购买知识产品或者地域等分类方式分散到各个小的微信群和 QQ 群，方便自媒体管理及用户深度交流。到了后期自媒体品牌开设自己的 APP 后，APP 也作为社群的载体而存在。知识型社群内部各位成员和意见领袖或运营人员处于平等的地位，受众可以在社群内生产新的知识供大家交流分享，因此能够进行良好的交流，有助于共同的价值观的形成，对社群产生依赖。同时，社群还会根据知识付费用户的居住地来安排一些线下的活动，线上线下“双管齐下”，增强社群内部的交流，凝聚内部的情感。

## 二、自媒体知识型社群建构的动因

如今，越来越多的用户加入自媒体视域下的知识型社群，自媒体品牌只有真正清楚用户加入的原因，才能更好地为建构和运营社群创造条件，有针对性地开展社群的部署工作，使社群成为自媒体品牌发展的推动力。用户加入社群的根本原因是社群能够提供给他们特殊的价值，这样的价值是社群外体验不到的，是专属于社群内部的“狂欢”。用户为了这些价值加入社群，从而实现与自媒体品牌的双向互动，而“参与导致采用”是人们在购买决策中的一种明显现象，说明用户越多参与社群讨论，进行互动，就会越能对社群产生依赖，成为忠实用户，从而使自媒体和用户双方利益都能得到满足。有的学者对价值方面进行过研究，周志民采用定量研究的方法，采用因子分析法研究品牌社群的消费价值，提出了四种价值：服务价值、财物价值、社交价值、形象价值。韩国学者金立印认为虚拟品牌社群价值可以分成财务价值、社交价值、信息价值、形象价值、娱乐价值五个价值维度。在前人基础上，从以下四个角度研究自媒体知识型社群建构的动因。

### （一）服务价值

服务价值是大多数用户加入社群的首要因素。获取信息服务是重中之重，如今移动互联网发展迅速，身处时代的洪流中，自己筛选信息尤为困难，加入自己知识型社群的重要性更加凸显。因为这些社群生产的信息大都是自己所关心的，并不是“水群”，每个社群都是“信息聚集地”，自媒体品牌方及社群成员能够在社群尽情输出信息。如今能够免费获得知识有很多渠道，而加入某个自媒体领域的知识型社群的用户更想拥有“特殊服务”，用户加入主要是为了获取更多与自媒体品牌及付费产品相关的，并且在社群外获取不到的信息。

社群能够很好地建立这个沟通的桥梁，降低了用户获取额外信息的成本，方便人们获取更多有关信息。并且移动互联网的发展为社群提供了各种平台，平台内部对构建社群都采取支持的态度，用户加入后，可以在任何时间和地点获取社群信息，并且群内的信息能够一直在线上储存，用户可以随时翻阅。并且当用户遇到与产品相关的问题了，也可以及时与自媒体品牌建立联系，解决问题，收到良好的“售后服务”。特别是一些知识型社群经常能获得额外的优惠，比如在“樊登读书”的女神节活动，就是回馈社群成员的活动，女性会员扫码通过会员认证可拿到樊登签名的图书，如果续费三年还能获得一份大礼包。

### （二）形象价值

形象价值就是用户加入自媒体知识型社群后，社群身份带给用户的良好形象与声誉。有些用户期待通过参与社群赢得别人的尊重，获得自我满足。形象价值趋于人们心理上的满足，按照马斯洛的需求层次理论，人们的需求从生理到心理依次递增，心理需求是人们更高级的需求，比如尊重和自我实现的需求就是一种心理需求，这种需求是一些知识型社群能够提供给人们的。这样的形象价值主要体现在知名的社群组织，加入该社群会使用户感到自身形象提高，把社群的影响力及知名度当作自身的荣誉，因集体而光荣。同时，用户可以通过参与社群组织的活动来塑造良好的个人形象，在社群内部产生影响力，成为“大粉”，有更多机会实现自我价值，产生成就感，提高自身形象。并且，用户会努力维护这份“形象”，提高自我约束力，努力为社群做贡献，让社群真正配得上外界所塑造的“形象”，使用户对自媒体品牌和知识产品有了“共荣感”和责任感，对外维护形象，真正把自己当成了社群的一分子，与自媒体品牌共同努力，向更好的“形象”冲击。

### （三）社交价值

人的本质是各种社会关系的总和。每个人都有自己的社会关系网络，人们通过与人交流沟通以获得愉悦感、归属感。加入知识型社群的用户，能够围绕自媒体品牌和知识产品本身进一步展开讨论，特别是知识型产品使人们增加对于知识的讨论，有助于社群成员加深对知识的理解，并且，能够使志同道合的人彼此吸引，成为新的好友。

并且知识型产品较为多元化，涉及的用户也身处不同领域，扩大自己的社交网络，有助于内部成员之后解决相关问题。并且，作为社群成员社交“中介”的自媒体品牌本身，也是有很大的益处，社群成员之间关于知识产品的交流沟通都能被社群运营成员看到，社群运营成员可以及时通过成员间的讨论获得产品反馈，从而向自媒体品牌反映情况，及时改进，使知识产品更加适应社群成员的需求。

### （四）社会文化价值

每个知识型社群都是自媒体品牌文化的延伸，并且在自媒体品牌文化基础上不断升华，产生独有的社群文化，社群文化的影响不断扩散，逐渐演变为社会文化价值。多数用户加入社群最初的目的是因为前几项价值，但随着用户在社群内部时间越长，越能感受到自媒体品牌的文化价值，通过参与品牌的各项活动，亲身感受到品牌文化价值，并且通过每天在社群内部潜移默化地熏陶，社群成员能够更深刻地感受自媒体品牌的文化价值，从而使自己的价值观向自媒体品牌的价值观靠拢，与社群成员有更多共鸣。并且，社群成员能够与自媒体品牌重新创建社群的文化价值，社群形成统一的仪式和惯例，在社群成员不断交流中迸发出新的价值追求，不仅能够丰富社群的文化价值，甚至能够影响社会，对社会文化价值产生影响。

## 三、自媒体知识型社群的建构

先构建一个良好的社群，才能使社群能够良好运营。良好的社群需要自媒体社群运营者采用合适的方式进行建构，鉴于知识型社群的特征及属性，拟从打造品牌、细分用户、建构社群文化三个方面来探讨自媒体知识型社群的建构。

### （一）打造知识品牌，吸引用户

“品牌是一个名字、名词、符号或设计，或者是上述的总和。其目的是要使自己的产品和服务有别于其他竞争者。”品牌是商品对外的第一印象，同时还能体现品牌背后的价值和意义。因此，打造品牌是第一步，品牌是名片，形成品牌才能吸引更多用户。自媒体在构建知识社群时也应当把品牌“打响”，依靠品牌将自媒体的价值理念及目标追求等各方面联系在一起，使其具有内在延续性，以便更好地开展后续进程。

**1. 品牌定位突出知识型社群特色**

斯科特·戴维斯认为，品牌定位的实质是指品牌在消费者心目中的地位，当消费者联想到品牌时，我们期望他能想到利益和价值。因此，制定清晰、有特色的品牌定位，能使用户在最短的时间从知识洪流中找到自己所需的自媒体品牌，节省用户的时间成本，形成初期的用户积累。同时，品牌应“接地气”，注重建立与用户的关系，品牌人格化理论认为，一个真正的品牌就像一个人一样，有自己独特的形象和内涵。自媒体塑造的品牌形象应具有人格化的特征。知识型自媒体应该采用与别家有差异的形式来进行品牌的定位，树立与众不同的形象，吸引目标用户。譬如“逻辑思维”当时的品牌定位是自由人自由联合的知识社群，定位的关键点在“自由”和“知识”，并且其秉持“有种、有趣、有料”的价值观念。与“逻辑思维”初期的产品密切相关，“逻辑思维”初期的脱口秀就是主打“知识性视频脱口秀”，并且“逻辑思维”公众号的内容也是综合性知识，在符合品牌调性的情况下，“自由”的输出内容与价值观。“吴晓波频道”的品牌定位是为知识分子提供财经类知识产品，定位相对专业化，拒绝“屌丝文化”等，同时强调商业文明对于中国未来的重要性。“影响三亿国人养成全民阅读的习惯”是“樊登读书”的品牌价值观，并且其定位聚焦读书学习类，是专业化的知识型社群。同时，自媒体可以通过塑造意见领袖本人的个人魅力来完善品牌形象，同时承担品牌价值与文化，通过人格魅力吸引用户，正如爱德华·桑戴克提出的“晕轮效应”，当用户对意见领袖本人产生好或坏的印象，他还容易对他周围的事物也产生同一印象，就如同用户对意见领袖所在的自媒体也“爱屋及乌”。比如“逻辑思维”为罗振宇本人打造出有趣、亲切、有人文精神的形象，使节目更加有看点。总之，自媒体应该努力为品牌定位，使其在用户心中占有独特的地位，吸引用户来进一步加入社群来感受其产品和文化的魅力。

**2. 提供用户所需的知识**

自媒体以生产内容来吸引读者，打造自媒体品牌首先要有足够有价值、有态度的内容，并且需要持续地产出满足用户的需求，才能够通过内容留住一些用户，进而使用户有兴趣加入社群，成为“铁粉”。而自媒体知识型社群则要提供给用户需要的知识，才能够当今存在“知识焦虑”困扰的用户加入社群。如“吴晓波频道”是基于财经类的垂直细分知识类自媒体，吴晓波本人认为对于他这样专业性强的自媒体来说，在财经类知识的提供上不能过于接地气，应该保有一定的精英的语言体系，“财经领域是一个专家领域，应注意专业表达，能不能让80后、90后接受”。因此“吴晓波频道”的节目以自身精英化语言风格为主，并结合“接地气”的语言。比如他的公众号中以“巴九灵”式通俗的写文章，围绕80、90后中产阶级感兴趣的理财、创业、经济形势分析等议题来生产内容。并且他在“吴晓波频道”的微信公众号开展多个栏目持续化生产内容，保持持续优质内容的输出，吸引用户，曾收获多个10万+文章。除了自己所写的文章的版块，还有一些固定的版块，通过观察其公众号发现，目前的“财经日日评”版块由时事评论员魏英杰和特约嘉宾对每天的财经新闻和股市进行点评，“房产周周评”版块由德科地产频道的总编辑刘德科老师讲解楼市的最新动向，“同读一本书”版块是由“巴九灵”的视角向大家推荐一本书，“百匠优选”是推荐衣食住行相关的优质商品。并且“吴晓波频道”并不是以一成不变的版块，死板地输出知识，会根据社会当时的情况及用户的需求有所变化，灵活调整版块的内容。比如在冠状病毒盛行期间，“吴晓波频道”心系公共安全，微信公众号添加了疫情直播课的版块，向用户科普关心的疫情相关的知识，缓解用户的信息不对称和面对疫情焦虑的情绪，并且开辟“驰援武汉”的新版块，为在武汉地区为医护人员提供住宿的酒店解决经营问题，号召用户拍卖产品或者直接捐款来为这些酒店解决“后顾之忧”。“樊登读书”也在疫情期间多推送相关文章，并且联合微心战役团队，免费分享心理防疫知识，教导用户学会调节心理情况，缓解疫情紧张情况下用户的心里不适的状态。

**3. 知识品牌入驻合适的平台**

如今自媒体竞争十分激烈，各种媒介层出不穷，正如麦克卢汉所指出的，每一项媒介技术的产生，都深刻地影响着人们感知世界的方式、改变着人与人之间的社会关系，创造出新型的社会行为类型。运用各种平台进行品牌产品的投放显得尤为重要。品牌在初期建设时需要尽量采用多种方式和渠道来宣传，吸引更多用户，才能使其逐渐成为社群成员。知识型自媒体在建设品牌时大多是先产生视频节目，再开设微信公众号来宣传节目，同时输出更多知识，进而实现一定盈利后，再同时开设自己的APP，进行一些课程的推送和知识型产品的集聚。比如在初期，“逻辑思维”“吴晓波频道”和“看理想”都是首先有的视频节目，首先要分析视频节目投放的视频平台，选择合适的平台能使好内容更好地输出，要把视频节目尽可能投放到用户聚集的大平台，或者投放到越多平台越好。并且可以选择音频的形式投放到音频软件上，适合喜欢听音频的用户。同时应该在社交平台进行宣传推广，以便内容更广泛地抵达用户。后续开展微信公众号来宣传节目，弥补节目因程式化而忽略的间隔，也开始生产适用于公众号的内容，吸引更多用户关注。“逻辑思维”在初期刚创办节目的时候就是主要靠优酷视频，并且同时在豆瓣、微博进行宣传，粉丝不多的时候还会经常回复粉丝的评论，后来开始逐渐开展微信公众号，建设各个小的微信群、QQ 群，建设“逻辑思维”的社群，并且开创“得到”APP，有了自己的平台。并且各个平台应该互相宣传，一步步实现品牌宣传，比如“看理想”在视频节目会附上微信公众号的二维码，微信公众号也同时对视频进行宣传，并附有完整节目的链接。“樊登读书”是最早通过微信公众号生产内容，在公众号做到有一定粉丝量和阅读量后，配合各种社交平台进行宣传，多渠道提高品牌知名度，而后推出自己的“樊登读书”APP，投放体系化的内容，并推出企业版 APP“一书一课”作为“樊登读书”社群专享版，内容主要向企业老板、职业进阶等方面，用户主要针对企业主、创业者，满足与想要有职场提升需求的用户。并且，“樊登读书”注重线下渠道的扩展，通过在基层开办“樊登书店”让偏远山区的人们也能够了解并使用“樊登读书”，有机会发展成为社群用户。2019 年，“樊登读书”已经在抖音上拥有几百个矩阵账号，粉丝超过 1 亿。抖音的成功入驻，为“樊登读书”社群引来大量新用户。并且，不只是在抖音，快手、爱奇艺等平台，“樊登读书”也都有入驻，在新冠状病毒的防疫阶段，还邀请一些专家进行 20 场直播，涵盖家庭、亲子、金融等各个领域，关注疫情期间用户的心理健康，以及休息在家与家人的关系、职场遇到的困难等问题，

## （二）重视用户，构建知识分享型的社群关系

移动互联网时代是“全民狂欢”的时代，是受众被赋予更多权利的时代，受众地位不断提高，任何传播活动应该从“以生产者为导向”转向“以用户为导向”。自媒体领域知识型社群是由每个用户组成的，在构建社群时候更应该注重用户，寻找目标用户，引导用户之间交流知识、分享知识，将每个用户真正联系在一起，构建和谐的社群关系。

### 1. 筛选用户，寻找符合知识品牌调性的用户群

凯文·凯利曾在《技术元素》一书中提出著名的“1 000 个铁杆粉丝”理论：创作者，如音乐家、艺术家、摄影师等，只需要拥有 1 000 名铁杆粉丝便能够糊口，不管创作者产出什么样的作品他们都会付费购买。而知识型的自媒体也是一直在创作内容，作为创作者，寻找 1 000 个铁杆粉丝是其在初期建设时的重要目标。知识型自媒体应该主动筛选用户，寻找符合自身品牌调性的核心的用户群。正如“吴晓波频道”致力于寻找“新中产阶级”用户，学者缑伟涛提出，国内中

产阶级的消费观呈现奢侈、超前和区隔性的特征。其中，区隔性消费是指中产阶级希望通过消费来实现与同等阶层人的区分。因此，吴晓波鉴于“中产阶级”强大的消费潜力，为该群体提供不同于其他群体的财经知识服务，并且，他认为“中产阶级”崇尚商业之美，调性符合“吴晓波频道”的品牌定位。“吴晓波频道”的“中产阶级”受众指的是创业家、企业家以及其他对财经知识感兴趣的职场白领，属于“新中产阶层”，他认为“新中产阶层”是“一群有一定资产、期望通过公众和财产的双重收入来增加资产，愿意花钱买好品质的物质及精神体验，具有独立思想的群体”。李强认为中产阶层中的用户群体间，在经济收入水平、教育程度、社会地位等方面都存在较大的差异性。根据社交网络的“150定律”，人类智力决定着人类拥有稳定社交网络的上线人数约150人，而深入交往人数更少，为20人左右。因此，深度关系的建立需要控制相应人数。如“樊登读书”对于用户的定位是以青年中产阶级为主，也同样为求学阶段的学生群体和有读书需求的老年人群体提供知识服务，目的是“帮助那些没有时间读书、不知道读哪些书和读书效率低的人群每年吸收50本书的精华内容”，并且，“樊登读书”更加强调成长路上的陪伴者这个定位。因此，与“吴晓波频道”强调的“中产阶级”不同，其实“樊登读书”的实际用户群体要略低于中产阶级，而是感到知识焦虑、渴望通过读书弥补并获得更多知识，从而对生活有所帮助，在努力向中产阶级迈进的群体。同时，“樊登读书”致力于挖掘潜在用户，努力将其发展为社群成员。

“逻辑思维”的目标用户是相信“逻辑思维”的品质、认同“逻辑思维”的内容和运作方式，并期待其变得更好、更成功的人。“逻辑思维”在招募会员时候采取分批的方式，并且在拥有66 000名会员时不再招募新的会员，全部已有会员转为终身制，保证了会员的服务质量。并且66 000名会员中还有核心中的核心，从“逻辑思维”诞生时就陪伴他一起成长的“铁杆会员”，这些会员对自媒体品牌的发展和推广有不可磨灭的作用，是最稳定的用户群体，剩下的66 000名会员中的会员是普通会员，在最稳定会员和流动用户之间，具有一定的社群归属感和品牌忠诚度，对社群的发展同样有重要的作用。

**2. 制定知识型社群管理规则，激活初级用户**

知识型自媒体通过吸引用户建设社群，但社群成员众多，保障大多数人自由的前提是先要对个体的自由进行约束。因此，需要在社群建构时制定相应的管理规则，才能变无序为有序，保证社群稳定的运行。并且需要将用户分类管理，尽可能激活更多的社群初级用户发展为“铁粉”，保证每个社群成员都能在社群内高效获取知识、达成良心互动，加入社群后获得利益最大化。“得到”APP有着相对成熟的用户使用协议，用户加入“得到”之前需要阅读并同意协议，具体有个人隐私、知识产权等方面，这些协议对社群成员的权益做了保障。同时，用户在发表观点时候也要遵从规定，不能逾越规定，避免了一些版权纠纷。“吴晓波频道”社群建设具有一定的社群规范和细分化管理，且进社群时学习并同意“罗伯特议事规则”，因此，“吴晓波频道”社群具有较为规范的内部管理。比如书友会如金字塔层层管理，金字塔第一层是总部，每个城市开展活动都要获得本部的许可，然后下一层是各个城市书友会的班长，是可以由社群成员自荐和推荐产生的，然后要上报总部，被总部批准的。下三层是小组长，负责一些具体的事情，最后一层是其他社群成员。要开展地方书友会活动的话，总部的运营人员会和班长进行沟通，并且对书友会的活动进行支持，成员成立小群体进行沟通也得向班长进行汇报。这样各司其职、严密的组织结构能够使社群活动开展得更加高效和有序。同时书友会内部不允许谈论政治和宗教等，对社群成员的言行也有一定的约束。用户申请加入“书友会”首先要加入地方书友会的官方QQ群，并且按照QQ群的要求参与线下的书友会活动，然后就可以申请加入地方书友会的微信群，等待审核通过后，要先学习并通过了《罗布特议事规则》考核，才能成为书友会的正式成员。我国的社会学家费孝通提出了“差序格局”一词，具体是指根据与中心的亲疏远近，就像水面上的涟漪一样一层层的群体关系。因为社群内的用户与自媒体的关系也有远有近，因此同样存在“差序格局”。针对社群中的各类用户，也应该进行不同的管理方式，以发展为能对社群有所贡献的“真爱粉”为目的，努力将普通的社群成员转为“真爱粉”，号召越来越多的社群成员成为忠实用户。知识型社群应该注重初级用户的留存，致力于培养他们学习知识的习惯，采取适当激励型的管理方式，构建浓厚的学习知识的氛围。比如“得到”APP每个人的个人界面会显示学习的时长，连续学习几天，写了多少笔记，并且有各类的勋章、证书和学分，鼓励用户深度学习，成为忠实用户。

**3. 构建细分社群，方便用户交流学习**

依托于现在发达的信息技术，用户通过互联网就能实现社群日常的互动，比如通过微信公众号点赞、转发和评论，参与微信群、QQ群内的沟通交流，观看知识型自媒体的节目并进行弹幕互动等，都是通过线上进行的社群交流，需要社群的运营者进行合理地安排和管理，保证用户交流的顺畅。并且，基于知识型社群的发展和用户的需求，构建分层次的小群成为满足多方利益的方式。

“樊登读书”专门为了亲子教育成立了亲子社群，推送亲子类读书的同时还号召各位家长正视现有的教育体系，给予孩子尊重与信任，不只是用简单的标准来衡量自己的孩子。“樊登读书”为了解决单身社群成员的终身大事，还成立了单身群，入群会通过小程序填写基本资料，其他书友可以查看其他人的资料，并且查看与自己所在地的距离，有意愿互相认识的书友，可以互相留言。知识型社群还可以引导用户根据自身需求自行创建社群交流，自组织不是个体的简单叠加，而是通过个体之间的非线性交互，产生协同效应，使自组织整体上涌现出新的特征和功能，即群体智慧的产生，这种特征也被称为自组织的“自创生性（Autopoietic）”。就像“逻辑思维”好多非官方群都是用户自发组织、自发创造的。比如“逻辑思维”用户在线上通过各种QQ群和微信群创建各种非官方的群进行交流，用户还按照地域划分创建各种“罗友群”，都是以爱智求真、交流学习为目的，方便用户私下分享交流学习知识的感悟以及开展深度的交流。比如“逻辑思维泰安粉丝团”“逻辑思维湖北社群”等，依靠主群和分群在线上积极进行知识分享和互动交流。并且“逻辑思维”曾经推出“会来事”活动，即“会员，来信，有事”的意思，发动社群内成员互相帮助、解决学习知识过程中的疑惑，“逻辑思维”的会员可以向社群内的“罗友”求助，互相解决问题。

## （三）建构知识型社群文化，传达共同价值

社群文化是一个社群灵魂的体现，需要知识型社群在初期结合自媒体品牌自身的价值观进行建构，社群文化逐渐扩散，价值延伸到外界，成为自媒体品牌的一个标志，新的用户进来后会逐渐被社群文化影响，并遵从社群文化，认同社群价值。并且社群文化也需要根据社群成员参与交流和知识分享的情况不断完善，塑造更加符合社群成员价值观的社群文化。

### 1. 传达共同价值理念

每个社群的用户组成各不相同，社群成员的价值需求也不同，而价值理念是社群文化的核心，用户倾向于和自己价值观相同的人交流并建立持久关系。自媒体品牌应注重塑造社群共同的价值观，应该在社群建设初期开始，逐渐了解社群用户，传达与用户匹配的价值理念，消解各种用户在思想、文化等方面上的差距，培养用户的共同意识。由内而外的传播良好的价值观吸引用户加入社群，并且有利于加强社群用户的身份认同感，留存住用户。形成价值认同是社群活动开展的关键。自媒体知识型社群大多有自己鲜明的价值观，“逻辑思维”

不仅以“有种、有趣、有料”为价值追求，体现了有胆识、轻松有趣，内容有价值的社群价值，并且鼓励社群成员进行独立、理性的思考，追求自由主义，与当今年轻人的价值观有共鸣，易于建立文化和价值观的共享。“吴晓波频道”的社群文化，体现在“认可商业之美，崇尚自我奋斗，乐意奉献共享，拒绝屌丝文化”，其中反对“屌丝经济”受到很大的关注，甚至成为“吴晓波频道”的标签。建立价值“标签”能够迅速向用户传达出社群的价值理念，吸引相同观念的用户。“樊登读书”社群运营成员除了自己的产品，还会分享名人名言及相关知识的科普，号召社群成员一起学习交流，在社群内实现知识的共享，为社群塑造良好的学习氛围，培养社群成员形成爱读书、爱思考的共同意识。

在自媒体知识型社群中，用户因为对知识有需求而聚集在社群中，社群成员在社群中不断输入自身的观点，传递自己的价值观，同时还输入其他成员的观点和价值观，在不断交流中对社群产生情感依附和归属感，并达成一致的观点，让社群从简单的技术层面的连接升级到文化层面的情感共振及价值认同。

**2. 塑造知识型社群文化**

仪式不是指古老的宗教、祭祀之类的，现在移动互联网技术发达，人们仍然需要仪式感，学习知识同样需要仪式感，在知识型社群中需要仪式和惯例强化整体意识。“仪式的功能在于保持聚集体的相对稳定，强化每个成员个体从属于整体的意识，使个人怀揣内在的信念。”现代用户在进入社群后，通过亲身感受和不断重复社群的仪式和惯例，使社群的凝聚力不断增强，使用户深刻的感受并理解社群文化，并且自发的扩散社群文化，提高自媒体品牌声誉。语言符号其实也是仪式和惯例的一种体现。比如“得到”APP 中“逻辑思维”节目版块之前的口号是“多学习，少废话，好好学习，天天想上”。如今的口号是“和你一起终身学习”。用户在“得到”APP 中打开“逻辑思维”节目的界面，并且以这句口号开始的时候，用户就进入了“逻辑思维”营造的仪式，每次开启这档节目，就会感受到一种仪式感。并且，“得到”APP 的开始界面也从“与你一起终身学习”演变为“向终身学习者致敬”，如今是“知识就在得到”。打开 APP 的界面进入社群也是一种仪式，与社群文化匹配的开屏宣传语能够使用户第一时间感受到社群文化，每天重复开屏使用户对此感受更加深刻。詹姆斯·凯瑞提出“传播的仪式观”，将传播视作一场“神圣典礼”，强调传播在“分享”“参与”“联合”“团体”“拥有共同信仰”等层面上的意义。“逻辑思维”保持着固定的传播仪式作为社群文化，强化用户与自媒体品牌之间的联系，比如“逻辑思维”微信公众号每天早上七点左右会准时推送一条语音和一篇文章，一分钟左右语音都是由罗振宇本人亲自录的，内容是关于一些自己想分享的看法，以及回复用户之前的问题。这件事一直坚持到现在，意义已经超出传播内容本身，具有一种“神圣”的仪式感，每天早上听自媒体品牌创建者语音已经成为“罗友”们的共同仪式和惯例。同时，加入“逻辑思维”社群需要付会员费，能够获得具有仪式感的世界独有一个编号的徽章，每位社群成员都有独一无二编号的专属徽章，是团体意识和社群文化的象征。知识类社群与读书息息相关，自媒体品牌可以通过定时定点开展线下读书类活动的，建构符合知识型社群的定位的社群文化。比如“吴晓波频道”遍及全国的书友会，经常开展读书活动，在线下，用户碎片化的知识获取演变为每周、每月相对系统的知识交流。“十点读书”也在全国许多城市都有读书活动，每个月至少两次线下活动，采取读书分享、名人讲座等形式，引导社群成员响应“全民阅读”的号召，将读书会塑造成为社群文化的一部分。“樊登读书”也经常开展线下读书会活动，樊登读书每个城市的会员都可以申请在地方设立分会，地方分会也成了承载会员线下活动的重要组织。

**3. 创造“媒介事件”分享知识**

《媒介事件》一书中将媒介事件定义为大众传播的“盛大节日”，可被称为“电视仪式”或“节日电视”甚至“文化表演”。这种媒介事件有着浓厚的利益、敬畏的气氛，令观众神往。知识型社群在某种程度上塑造出类似的自媒体领域的“媒介事件”，是社群成员十分向往的集体事件，同样作为社群文化的一部分，丰富了社群文化。就像“逻辑思维”和“吴晓波频道”的每年年末都举办的年终秀，是具有仪式感的知识分享活动，逐渐演化成社群成员引以为傲的“媒介事件”，能够使社群成员深刻铭记，形成品牌文化的认同感，并成为社群文化的一部分。“逻辑思维”的年终秀《时间的朋友》在每年最后一天晚上举办，“吴晓波频道”的“预见”系列年终秀也是每年年底或者第二年初举办，每年重复这样的仪式，每年活动上吴晓波会总结过去一年的经济情况，并对未来的进行预测，每年还会检测去年的预测是否正确，同时中间还有大咖分享、社群颁奖等互动的环节，每年年终秀的票价也是成千上万，去不了的用户可卡因选择观看直播。这是“吴晓波频道”每年不可缺少的仪式，它让自媒体品牌影响力传播实现裂变，也是社群成员的“狂欢”，是社群文化的体现。

## 四、自媒体知识型社群的运营

知识型社群建立起来后，需要采用多种方式运营，才能使社群保持活力，使用户保持参与感，尽可能留住用户，减少用户的流失率，同时，依靠用户实现自媒体品牌的盈利，才能够使自媒体品牌走得更长远。

## （一）依靠用户生产知识产品

社群是自媒体品牌和用户的桥梁，重视用户是第一步，同时，能够调动用户的情感与信任，依靠用户对知识产品进行重塑，制作的产品才能够获得用户的认可，使用户获得成就感。凯文·凯利曾提出“蜂窝理论”的概念，用蜜蜂的巢穴来比喻人类的分工协作，表示汇集了个体智慧的矩阵结构将会带来群体的智慧。用户生产知识产品被自媒体采纳，还能够获得自我的身份认同感。同时，重视社群成员的群体智慧，有利于自媒体品牌生产出真正适用于用户的产品，社群不仅仅定义产品，同时也定义营销、渠道等所有的东西。从形象的传播、到售卖的方式、产品的优化，传统价值链上的各个节点，都在社群时代得以解构和重组，释放出新的能量。

### 1. 用户生产“小众”产品，丰富知识产品类型

依靠用户进行知识产品的生产，能够满足不同圈层的用户的独特需求，生产用户自己真正需要的知识产品。比如“逻辑思维”重视对“手艺”的需求，在招新的社群成员时候倾向于“手艺人”，之后推出“匠人如神”“天使厨房”等一系列依靠用户主要生产的产品，涉及厨艺知识、艺术品知识、亲子沟通技能等方方面面，依靠用户的创造实现了用户自身的需求，自给自足，弥补了自媒体品牌在这方面产品的空缺。同时，“逻辑思维”不断鼓励用户根据自身需求和个人技能来生产符合特定人群需求的产品，以满足小众的需求，并可以通过“逻辑思维”社群进行艺术品拍卖等赋予产品商业价值。

### 2. 用户参与知识产品的常规生产流程

克莱·舍基把人们参与生产创造的动机归为参与行为本身带来的满足感和效能感，以及网络媒介和社交工具赋予人们参与创造的可能性。知识型社群成员自愿参与自媒体品牌产品的生产流程，为所有社群成员生产产品，减轻自媒体团队生产的压力，为自媒体品牌贡献出自己的一份力量。使用户不断进行观点、思想的碰撞，完善自身的知识结构，创造出新的知识，使用户获得思想和内心的充盈。内容是知识产品的核心，知识型社群号召用户参与内容的生产，能够使用户掌握主动权，使用户也能够输出自己的所思所想，利于将用户留存。有些用户可以直接提供自己的内容给自媒体社群，比如“逻辑思维”打造了专属社群的产品“阅后即焚小报”，将自己想分享和思考感悟写成一些文字，上

交给“逻辑思维”的运营人员，由运营人员审核和整理后，产生“阅后即焚”小报在社群内部发布和传阅，同时社群成员还能领取一定的稿费。极大地调动了社群成员的积极性，满足了社群成员自我实现的需求，同时也使社群气氛更加活跃，加深了社群成员之间的沟通和了解。“吴晓波频道”在成立不久就推出“荐读”栏目，除了邀请社群成员选题和审稿外，还向社群成员征稿，诚邀用户真正地参与内容生产，分享生活感悟以及经验，重构以往的由上至下的生产模式，关注用户的所思所想。“吴晓波频道”之前在微信公众号的付费音频栏目“新锐会员”中，推出了“每月同读一本书”的互动活动。参与读书的用户可以分享一些书评，然后通过社群内投票选取用户进行奖励，优秀的书评有机会在公众号刊登。“樊登读书”社群也会号召“樊登读书”社群的人员参与到内容生产的过程中，之前有请过外国友人来做直播讲书的活动。有些用户不直接参与内容的写作，但参与内容生产的流程。比如“逻辑思维”当时挑选了一些忠实并有自己独立见解的忠实用户组建成了“知识拆迁队”，他们会根据自己的口味同时配合“逻辑思维”微信公众号的特性来推荐文章，担任“限定”的公众号小编，如果他们推荐的文章被“逻辑思维”采纳了就会署名“知识拆迁队”。“吴晓波频道”微信公众号“财经日日评”是点评最新的财经新闻，在运营这个版块时，“吴晓波频道”将栏目的选题权下放给社群成员，以投票或者留言的方式向用户征求关于选题方面的意见，根据用户的意见和建议来生产这期节目。

**3. 众筹模式：与用户深度合作完成知识产品**

众筹模式是更深度地参与产品的生产方式，因为用户自己提供了资金，对自己资金的去向就会更加关注和期待。知识型社群的一些产品与社群成员的定位及价值观相符，通过社群成员在众筹资金后，把后续的生产流程也下放给参与众筹的社群成员，使用户更加深度的参与产品的生产，充分提高了用户的参与感，使用户仿佛自己成为自媒体员工的一分子，有为自家品牌工作的实感，与自媒体联系更加紧密。“逻辑思维”曾依靠社群成员的力量，成功打造出“真爱月饼”。“逻辑思维”前期通过在社群内公布众筹名额，有两百个众筹名额来众筹两百万的资金，后期的流程都由参与众筹的社群成员来步步跟进，如采购、生产制作、销售、财务管理等程序都下放给用户，极大地释放出用户的参与热情。同时后期靠“真爱月饼”盈利后又把相应工资支付给用户。“逻辑思维”发布的《逻辑实验 004 号报告》中提到，月饼商品页面分享次数是 103 659 次，一共收到订单 20 271 笔，自媒体品牌依靠用户完成整个流程。而“吴晓波频道”

依靠众筹了发展了很多文化项目。2016 年年底，“吴晓波频道”发布众筹计划“吴晓波频道经典重译计划第二季”，第一季的众筹目标是《国富论》，4 天完成筹资额 20 万，获得 1 588 人支持，9 个月后，第一本适合大众阅读的《国富论》彩绘精读本面世。第二季的众筹目标则是翻译出版《新教伦理与资本主义精神》《社会契约论》《道德情操论》三本书，为此需要 30 万元的筹款，此次活动发布后，上线仅 5 个小时，就完成了众筹目标，最终第二季的重译经典计划的项目众筹资金锁定在 716 868 元，参与者达 6 955 人。同时为了回报社群成员，“吴晓波频道”列出四个不同的套餐可供社群成员选择，第一个套餐是众筹一元，可以享受的优惠是每百名众筹一元的用户中抽取一人赠送三本书；第二个套餐是众筹四十八元，可以享受的优惠是三本书任选一本赠送；第三个套餐是众筹一百六十八元，可以享受的优惠是全部三本书赠送，还可以获得定制版书签二十五张和纪念版手账；第四个套餐是众筹二百一十八元，除了上述优惠，还可以获得“吴晓波频道”联合茶语网独家打造的价值九十八元的经典重译系列·凤凰单丛（芝兰香）一盒。同时在后期制作读书的过程中，“吴晓波频道”都会考虑众筹资金的用户的意见，对于图书的封皮设计等情况进行投票选择，每个环节都能够跟着参与。“吴晓波频道”还曾通过众筹的方式拍摄纪录片《我的诗篇》，向社群成员众筹了50 万，荣获了第十八届上海国际电影节金爵奖最佳纪录片奖，同时由于纪录片在影院拍片受限，后期“吴晓波频道”又发动众筹观影人数，来推动地方影院进行拍片的安排。从而达到影片的推广，依靠社群成员使影片顺利拍摄并赢得了应有的关注。“樊登读书”则根据自身定位，运用众筹为一些书吧提供资金的支援。文化产品的众筹与知识型社群的定位更加接近，因此，更容易与社群成员达成一致，全力参与文化产品的生产过程，加强了社群和用户之间的互动，使用户更加依赖社群。

## （二）联合社群用户提升知识品牌影响力

自媒体知识型社群建构后，为了社群更加持续、长远的发展，需要进一步提升自媒体品牌的知名度。“品牌持有者与目标受众的持续交流，最优化地增加品牌资产的过程。”社群运营者能够联合社群成员一起扩大宣传，裂变式进行品牌传播，提高自媒体品牌的社会认知度与影响力。

### 1. 鼓励用户宣传，实现裂变式传播

用户在加入知识型社群后，受社群所建构的社群文化的影响，加上社群运营者的号召，激发用户对品牌的责任感，提高责任意识，社群成员纷纷当上了

自媒体品牌“宣传大军”，依靠社群成员实现了裂变式传播。知识型社群通常采用奖励的方式来鼓励社群成员分享、宣传社群品牌，还增强了用户和自媒体品牌的互动，使用户为了奖励能够长期留在社群内。比如“樊登读书”为了激发用户活跃，在“樊登读书”APP 内的签到、阅读、评论、分享、笔记等阅读行为都可以转化为读书会积分商城的积分，积累积分到一定数量，可以到商城可换取纸质图书。“得到”APP 利用弱关系做社群的推广，用户可以推荐“得到”APP 给 5 个朋友，推荐成功的用户免费获得马伯庸价值 10 万的课程以及一份“仗义证”分享到朋友圈。

同时还在微博上策划了清明节“带着得到去旅行”活动，“得到”已经选出全球三十个世界级地标，用户去过并通过“得到”APP 的知识城邦模块或者微博带话题发图片、地标和旅行感悟，就有机会获得得到币换取课程，通过微博进行了“得到”品牌的二次传播。

一部分知识型社群成员会主动承担社群的传播责任，想把好的东西分享给别人，让知识型自媒体的社群文化也能不断影响别人。一些社群核心成员会采取个人的各种方式来提高社群的影响力，比如经常会转发微信公众号的文章到朋友圈，或者在微博、知乎、豆瓣等社交平台把自己使用知识产品的亲身感受写成经验贴，或者分享自媒体的知识产品的活动给好友。比如“吴晓波频道”的书友会多由用户来协助工作，自发来承担责任，努力为社群服务，推广社群文化，提高“吴晓波频道”的对外影响力。

**2. 创意性的活动，让知识品牌“出圈”**

知识型社群运营者为了让社群更加“接地气”，让自媒体品牌能够“出圈”，需要策划一些能够通过社群成员带动更多普通老百姓参与的创意性活动，使更多用户关注到品牌。“得到”APP 则是在薛兆丰售书会活动时，带领“得到”的会员到菜市场实地感受经济学，教给用户真正地把线上所学知识在线下得到应用，薛兆丰也曾说过：“学习是多个维度的结合，方式也并不只限于听。网上用户看不到别的同学，积极性没那么强。如果用户在线下结合成若一些学习社群，对当天的课程同步讨论、分析，学习效果会更好。”此次用心策划且有意义的活动不仅使菜市场的人们注意到“得到”这个品牌，《人民日报》还报道了此次活动，通过央媒的报道，更多人认识了“得到”。

同时知识型社群也可以举办其他活动，例如“逻辑思维”举办的“霸王餐”活动已经做成了自媒体品牌的标志活动，受到广泛关注，大大提高了“逻辑思维”在普通群众中的影响力。地方餐厅可自荐与“罗辑思维”进行“霸王餐活动”

的合作，并依靠各地会员与地方餐厅进行沟通，提供霸王餐的就餐专区，并且活动的具体流程都由“逻辑思维”的会员来沟通和安排，不仅开发出创意性活动引人瞩目，同时还锻炼了会员的合作能力，使社群成员联系更紧密，与自媒体品牌的距离更近。

**3. 借助热点事件，提升知识型社群影响力**

热点事件由于本身就具有一定热度，自媒体品牌借助热点事件进行相关产品及活动的策划，更利于引发更多社会关注，提升品牌的影响力。特别是借助公益性的热点事件，能够同时收获社会美誉度，提高自媒体品牌的社会形象。比如受到世界广泛关注的“ALS冰桶挑战赛”是为了使越来越多人认识“渐冻症”这个少数群体，并用筹到的善款资助他们治疗，我国公众人物也纷纷在微博上开始接力，罗振宇在接受点名后，并没有把他当作个人的事情，而是联合“逻辑思维”的社群成员一起营造了一场引发大家关注的集体“狂欢”。罗振宇让社群成员出资，出十元人民币他就浇自己一杯水，出一千元他浇一桶水，最后将社群成员的钱全用于捐给ALS项目，最后罗振宇团队还追加了捐款，不仅为公益事业作出贡献，同时进行了一次自媒体品牌的正面宣传，极大地提高了“逻辑思维”的认知度，并且体现了社会责任与担当，给社群成员也树立了正确的价值观，号召社群成员在力所能及的条件下帮助别人，为公益献出自己的一份力量。

## 第三节　品牌型社群

### 一、品牌型社群的概念

#### （一）品牌社群的相关概念界定

品牌社群是从2001年才开始兴起的概念，类似的概念可以追溯到1974年美国史学家布尔斯廷（Boorstin）提出的“消费社群”概念，指的是消费者在消费某一品牌的过程中自发形成的一种关系群体。除此之外，在互联网普及前，福特汽车和苹果公司通过会员俱乐部等营销方式与消费者产生持续联系，这种营销实践成了品牌社群的最早雏形。穆尼兹（Muniz）和奥奎因（O'Guinn）首次提出了品牌社群的观点，品牌社群被定义为“一个专业的，不受地理限制的社区，它基于品牌爱好者之间的结构化社会关系集合”但亚历山大·麦昆（McAlexander）等人认为也可能在社会地理上集中，传统品牌社群就是在空间地理上发展起来的。移动互联网的普及使得社群展现出了新的形式，而在线品牌社群（Online Brand Community）就是在虚拟社区与传统品牌社群的基础上形成的。由于在线品牌社群出现的时间较晚，因此关于在线品牌社群的研究还处于探索阶段。目前国内外学者对品牌社群的定义由于研究视角的差异，并未形成一致性结论，如表 2-1 所示。学者们从社群本质、参与过程、参与结果、参与主体、技术介入等方面进行了在线品牌社群的概念阐述。

表 2-1　在线品牌社群的概念界定讨论

| 研究视角 | 代表作者 | 代表观点 |
| --- | --- | --- |
| 社群本质 | 金立印 | 在线品牌社群是传统品牌社群的另一种形式 |
| 参与主体 | 刘新 | 企业、品牌爱好者或第三方发起，由欣赏、喜爱同一品牌的成员通过网络媒介进行品牌为主题的持续性社会互动形成的社会关系群体 |
| 参与过程 | Schouten 等 | 成员们会在社群内分享其对特定品牌的兴趣、交换信息和知识，又或是为了表达他们对品牌的热情 |
| 参与结果 | 李朝辉 | 品牌爱好者通过社群互动进行价值创造 |
| 技术介入 | De Valck 等 | 发生在虚拟空间，社群成员以网络为媒介进行互动 |

综合现有学者的观点，对品牌社群作一个概念界定："由官方（企业）或非官方（消费者及第三方机构）发起的，通过移动互联网的多种沟通渠道与交流平台以及线下品牌专卖店、品牌活动等，围绕某一个特定的品牌（品牌、产品、服务）为中心的，由对某一品牌爱好、感兴趣的群体进行持续性互动而形成的社会关系网络集合。"也尝试将社群与品牌社群的关系进行了梳理。

品牌社群的三个核心组成部分包括：共享的群体意识、共同的仪式与传统以及道德责任感。

①共享的群体意识表明社群成员之间彼此的因品牌而形成的紧密联系与共鸣，并与品牌社群之外的人形成差异。成员即使在未见面的情况下，也会在某种程度上感受到"彼此了解"。社群成员能够感知到与其他品牌社群成员的区别。

②共同的仪式与传统代表着至关重要的社群发展过程，社群成员和企业一起维护和传播品牌社群共同的历史、文化和意识。通过节日活动、发布会、同城见面会等形式来分享品牌故事。

③道德责任感，是对整个社群及其社群成员的责任和义务，具体表现为帮助社群成员解决问题、分享见解、监督品牌行为等。

## （二）消费者—品牌关系演变

通过对品牌社群本质和内涵的总结，发现消费者与品牌之间有着重要的联系，这种紧密的关系也随着社群的发展而产生了新的时代语境。最早提出品牌社群的穆尼兹和奥奎因将传统的品牌二元（brand dyad）关系模型：消费者—品牌，延伸到了一个更广阔的框架。他们认为品牌三元模型（Brand Community Triad）：消费者—品牌—消费者，更能展现出消费者与品牌之间的相互关系，如图 2-1 所示。穆尼兹和奥奎因观察到品牌社群对品牌价值的积极影响：品牌社群代表客户代理的一种形式，即凭借其集体性，消费者具有比在更孤立和更分散的情况下更大的发言权，是消费者重要的信息来源。通过社群成员彼此交流来为品牌社群参与者提供更广泛的社会利益。这个关系模型的最大改变是品牌社群成员之间产生了互动交流，而后德国学者 Von Voewenfeld 将这种现象定义为“口碑传播”。Wiegandt 后来通过实证研究表明，随着时间的推移，品牌社群成员的高参与度带来了更高的品牌忠诚度和口碑传播；非品牌社群成员的忠诚度和口碑传播随着时间的变化而下降。在商业市场竞争严峻的环境下，品牌社群成员的参与和口碑传播对品牌发展具有稳定作用。在这种社群互动的影响下，消费者会反复购买产品或服务，并与品牌保持长期关系。

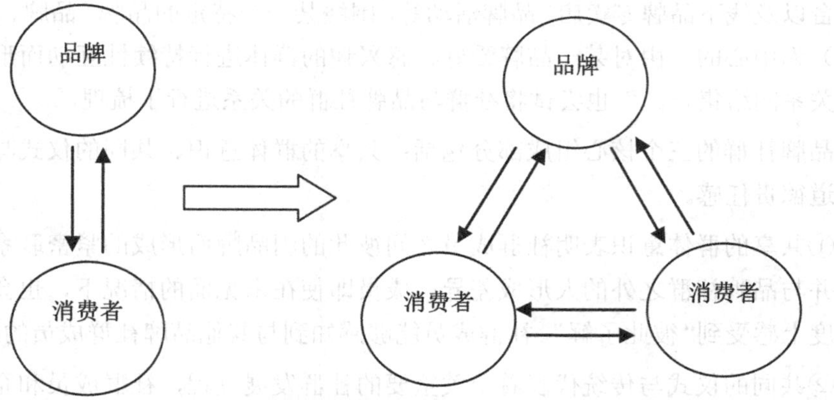


**图 2-1　消费者—品牌模型与消费者—品牌—消费者模型**

McAlexander 等人则在穆尼兹和奥奎因的三元模型的基础上进行了更为细致的消费者角色划分，他们认为品牌社群的中心是核心消费者，提出了核心消费者—消费者—品牌—企业—产品的基于品牌融合的核心消费者关系模型，如图 2-2 所示。消费者在品牌社群得到服务于体验是围绕品牌有关的事物而展开的。

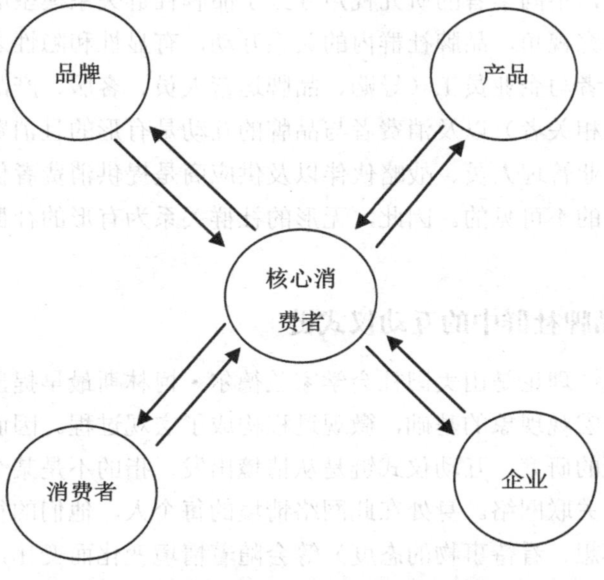


图 2-2 基于品牌融合的核心消费者关系模型

同时期，Upshaw 和 Taylo 则构建了更为广义的品牌社群关系模型，首次将与品牌直接或间接产生关系的相关者纳入其中，阐述了品牌利益相关者模型，确立了品牌社群是以品牌为中心的，其他利益相关者包含消费者、员工、企业管理人员、战略伙伴、供应商等，如图 2-3 所示。他们认为利益相关者是推动品牌的发展重要动力，有助于提升品牌价值和品牌形象。

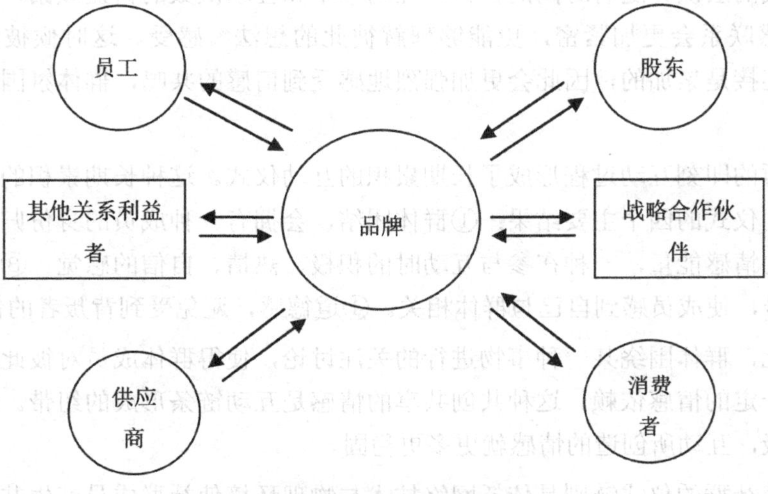


图 2-3 品牌利益相关者关系模型

综上所述，不同学者的研究视角导致了品牌社群关系模型的差异化。综合现有学者的研究视角，品牌社群内的关系互动，有显性和隐性之分。消费者与消费者、消费者与企业员工（导购、品牌运营人员、客服、产品设计师、工程师等其他利益相关者）以及消费者与品牌的互动是有形的且消费者可直接感知的。品牌、企业管理人员、战略伙伴以及供应商是提供消费者优质服务的合作关系，是隐形的不可见的。因此，无形的社群关系为有形的社群互动提供了支持性因素。

## （三）品牌社群中的互动仪式链

互动仪式链理论是由美国社会学家兰德尔·柯林斯最早提出的。柯林斯认为微观现象是宏观现象的基础，微观过程构成了宏观过程。因而该理论更加侧重对微观层面的研究。互动仪式链是从情境出发，指的不是某个人的机遇，而是群体的社会关联网络。身处在此网络情境的每个人，他们的行为（包括言谈举止、所思所想、看待事物的态度）等会随着情境变化而变化，慢慢累积就形成了看待事物的一切看法。

互动仪式的过程包含四个组成要素：①两个或两个以上的人聚集在同一场所。②对局外人设定了界限。③人们将注意力集中在共同的对象或活动上。④人们分析共同的情绪或情感体验。

互动仪式开始前，一群人可能由于某种原因聚集，彼此陌生，并没有紧密的关系。日常的互动会使他们产生情感连接，但这种情感具有即时性、表象性，是非常浅的层次。随着时间的推移，互动频率和互动次数的日益频繁，他们之间的情感联系会更加紧密，更能够理解彼此的想法、感受。这时候彼此之间的情感连接是累加的，因此会更加强烈地感受到情感的共鸣，群体氛围会更加深厚。

短暂的即刻互动过程形成了长期累积的互动仪式。这种长期累积的结果形成了互动仪式的四个主要结果：①群体团结，会拥有一种成员的身份归属感。②个体的情感能量，一种在参与互动时的积极、热情、自信的感觉。③代表群体的符号，使成员感到自己与群体相关。④道德感，避免受到背叛者的侵害。

因此，群体围绕某一种事物进行的关注讨论，使得群体成员对彼此和群体产生了一定的情感依赖。这种共创共享的情感是互动链条形成的纽带。互动仪式越积极，互动所创造的情感就更多更稳固。

品牌社群的仪式链则是依托网络技术与物理环境使社群成员产生共在感，

品牌认同构建身份属性，品牌鲜明的文化符号，如品牌文化、品牌理念、品牌服务、品牌产品等就成为成员之间彼此关注的焦点。短暂的情感刺激，即社群成员之间的单次互动，形成短暂的体验，随后通过成员彼此之间反复的共在互动，形成一种不断累积的长期体验和更加明确的共同体验。

互动仪式的结果也很好的保障了品牌社群发展的稳定性。使消费者与品牌的关系，从“你”“我”“他”走向“我们”。

## 二、体验视角下的品牌社群

### （一）体验理论视角下的品牌社群

如今，体验已经被商业界提到了非常高的位置，从品牌形象、产品设计、再到传播推广和运营服务，企业已经开始在每个和客户接触的关键点上进行改善和优化，希望让消费者拥有更加美好的体验。品牌社群作为客户关系维持的纽带也逐渐被企业重视。目前，从体验理论切入的品牌社群研究尚处于初始阶段，大多强调体验的作用机制，且集中在在线品牌社群体验的研究，也有一部分学者尝试对在线品牌社群体验价值维度进行划分。

在线品牌社群是建立在互联网技术进步的下，而品牌社群则是建立在品牌消费的基础上，因此，对于在线品牌社群的体验研究很多都是建立在互联网消费体验和品牌体验的研究结论上。南比桑（Nambisan）第一次提出在线产品社群体验（Online Product Community Experience）的概念，他认为“在线社群体验是指消费者在虚拟社区中通过交流、互动、交易等行为所获的全部情感认知集合”。国内学者曲霏则进一步认为在线品牌社区的体验是消费者在社群中的所有活动带来的全部感受。上述品牌社群体验的定义虽然在表达方式上不同，但一致认为品牌社群体验源自社群参与者的主观感知。线上品牌社群体验与线下品牌社群体验表面上看似并没有直接的联系，但通过互联网等技术媒介是可以建立起相互影响的关系。

基于此，将品牌社群体验定义为品牌消费者在与社群全接触点（线上和线下）互动过程中所获得的具体经历和感受，社群体验设计具体研究范围包含产品交互、人际交互（消费者与消费者的社会互动、消费者与品牌的个人互动）、人机交互、场景交互、认知交互等。

经济学、管理学和心理学领域的学者将在线品牌社群体验价值做了维度划分，包括二维、三维、多维等视角，如表 2-2 所示，但这些维度的划分大多将品牌体验的研究作为基础。不同的研究维度表明对于品牌社群体验的研究仍处于探索阶段，各种研究角度虽有交叉重叠，但仍未出现一致认同的观点。品牌社群体验与品牌体验虽有交叉，但关注的重点不同，品牌社群更加聚焦在消费者群体之间的互动。因此在现有学者的研究基础上，通过实际用户需求调研来进行差异化的体验维度探索。

表 2-2　品牌社群体验价值维度划分总结

| 划分维度 | 代表作者 | 测量维度 | 相关维度解释 |
|---|---|---|---|
| 二维 | Overby J 等 | 功能、互动 | 功能：内容模块 |
| | 张明立等 | 情感、关系 | 互动：内容交互 |
| 三维 | 李建州等 | 观点、情绪、社会 | 功利：感知信息 |
| | 沙振权等 | 功利体验、享乐体验、社交体验 | 享乐：感知娱乐 |
| | | | 社交：感知互动 |
| 四维 | 刘敏 | 功能、认知、社会、情绪 | 功利：经济效益 |
| | Brakus | 感官、行动、情绪、思维 | 互动：社交需求 |
| | 宁连举 | 功利维度、互动维度、社会维度、使用维度 | 社会：社群规范、氛围等 |
| | | | 使用：界面操作 |

### （二）品牌社群体验与其他体验的关系

所谓产品体验（Product Experience，PX），主要是指用户在使用产品或服务过程中主观建立起来的一种感知和感受，是与产品发生的直接交互，强调产品的功能属性与直接物理性接触。通俗地讲就是产品是否好用，使用起来是否简单。好的产品体验是让用户用最小的成本满足需求。学界常说的用户体验（User Experience，UX），直接翻译应为“使用者体验”。因此，用户体验是产品体验更广义的说法。

客户体验（Customer Experience，CX）则是一个消费者完整的体验旅程，强调的是体验的过程，它跨越了顾客从认知到产品购买再到使用产品再到分享的各种接触点，客户体验是用户消费过程全触点体验后的整体感觉，包括有形体验与无形服务。因此，客户体验包含产品体验，产品体验一定程度上塑造了客户体验。良好的客户体验是一个动态循环的过程。Brian Solis 在《What's the future of Business》中提出了动态顾客购物之旅（Dynamic Customer Journey，DCJ）的影响力循环模型。

品牌体验（Brand Experience BX）产生于不同消费者和品牌接触的全部感知集合，是客户体验在品牌营销管理中的具体表现。品牌体验建立在顾客体验的基础之上，是更抽象、更全面、更高层次的体验感受。品牌体验包括品牌传播推广、品牌产品、品牌服务等更加广泛的内容。许多学者也从多维度对品牌体验进行总结归纳。其中影响较为深远的是施密特（Schmitt）的五维品牌体验模型：由感官体验、情感体验、思考体验、行为体验和关联体验五个不同的体验维度构成。因此，品牌体验是一个多维度的，涉及消费者在整个过程中的认知、情感、行为和社会反应。品牌体验所涉及的接触点可以分为三类：①品牌自有的，是企业负责管理和设计的，比如网站、广告、品牌形象、实体体验店等；②合作伙伴支持的，由合作伙伴设计和管控，比如渠道分销商、物流供应等；③消费者与其他外部因素提供的，例如客户评价、第三方测评、意见领袖观点等。

品牌社群体验（Brand Community Experience，BCX）重点关注的是品牌与消费者、消费者与消费者之间的互动，这些互动最终导致了品牌体验化。在考虑消费者个体体验的同时，更加聚焦在消费者与其他消费者的社会互动，以及客户在互动中产生的价值创造与文化意义。因此，其涵盖的体验层次更为全面，不仅追求差异化的个性体验，还追求体验的共鸣，还会考虑用户在品牌社群社会互动过程中的时间维度的体验变化。这种体验对于消费者来说更加完整。

产品体验、客户体验、品牌体验以及品牌社群体验，关注的核心都是体验，但它们各自关注的对象和接触点具有一定的差别，如表 2-3 所示。

表 2-3　品牌社群体验与其他体验的对比

| 具体体验 | 产品体验 PX | 客户体验 CX | 品牌体验 BX | 品牌社群体验 BCX |
|---|---|---|---|---|
| 关注对象 | 使用者 | 消费者 / 使用者 | 消费者 / 使用者 | 消费者 / 使用者<br>消费者群体 |
| 接触点 | 单一接触点 | 跨渠道、全触点 | 品牌接触点 | 跨渠道社会互动<br>全触点 |

产品体验专注于具体产品的使用者，通过优化产品与服务的可用性及易用性来提升使用者的体验；客户体验则是从服务出发，着力改善客户全渠道所有接触点的体验，从而增加一个完整客户旅程的全体验价值；品牌体验更多的是以品牌为出发点，让消费者在和品牌的不同接触点的接触过程中，更好的理解接受品牌所传递的价值观、理念、生活方式等内容，实现消费者对品牌的认知与忠诚度；品牌社群体验则是在消费者群体以品牌为焦点的积极互动中，达成与品牌更加紧密的协作关系，获得个人追求与品牌价值的相融。消费者通过社群参与，实现群体价值共创，达到品牌发展与消费者生活方式转变的相互促进

相互影响。

只有好的产品体验，才能支撑去更好的客户体验设计。而好的产品体验和客户体验，品牌才能在市场中具备良好的竞争力，消费者的品牌体验质量才会高。品牌体验的好坏又影响着消费者与品牌的情感联系、品牌满意度和品牌忠诚度。因此这些体验在构建完整的体验中所起到的作用和地位是一个递进式的金字塔关系，如图 2-4（上）所示。

目前很多消费者经常会感受到品牌的体验脱节，很多时候就是因为上述各种体验的不配称，形成了消极的体验印象，最终导致消费者非常失望，体验感很差。在实际的生活中，这几种体验的边界也并非泾渭分明，更多的时候它们是交织和融合在一起的，消费者在描述自己的体验时，既可能是某一种具体的体验，也可能是多种体验的结合体，如图 2-4（下）所示。

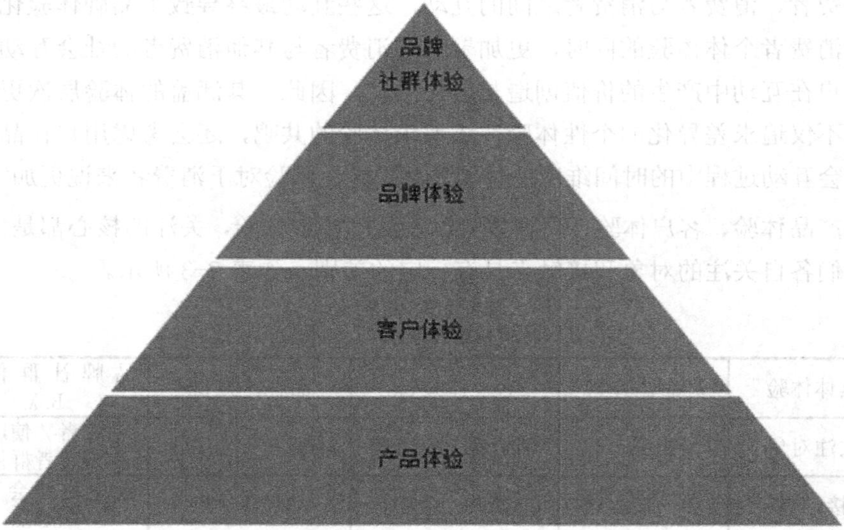


体验“金字塔”（上）

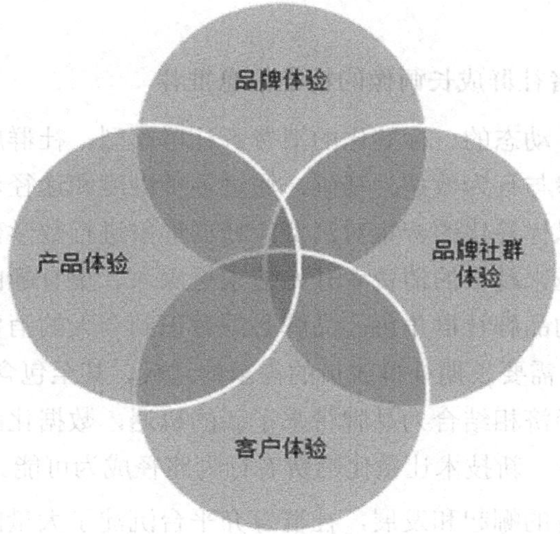


消费者对体验的描述（下）

图 2-4　体验的递进与交融

## 三、新零售背景下品牌社群体验设计策略

### （一）驱动体验阶段设计策略

**1. 简单清晰的品牌社群参与引导**

正如绝大部分产品在上线时，都会进行新手引导，其目的就是为了提示用户如何进行操作，降低用户的学习成本，帮助用户快速上手。同样的，企业在创建品牌社群时，也应该考虑到如何引导新手社群成员参与到品牌社群的互动中去。对于品牌社群的参与引导主要体现在两个环节上，一是新手教学式视频引导，这种引导方式可以结合品牌社群的不同参与情境，分门别类地引导社群成员一步一步地进行操作，通过模拟真实的操作情况，鼓励消费者参与其中，边学边用。用这种方式使新手成员快速沉浸其中，短时间内感知社群参与步骤以及参与行为。因为有及时的操作反馈，新手成员内能够获得强烈的成就感，这种成就感会调动成员的参与积极性。另一种引导方式则是在新的功能与服务迭代时引导社群成员对新功能的理解，这时就要做到尽可能的克制。在社群平台功能做到自解释的基础上，应该依据用户行为操作的上下层语义，根据用户行为预判可能遇到的问题以及需要尝试的新功能点，及时给予提示。因为很多时候用户在没有感知到这个功能和自己当前目标有关联之前是不会主动在设置

中查看新功能引导，所以找准消费者行为参与的描点，把握引导出现的时机非常重要。

**2. 基于消费者社群成长画像的精准信息推荐**

建立多元的、动态的、标签化的消费者社群模型。社群成员的画像是以大量的社群互动及参与行为数据为基础，通过各种维度和途径对社群成员的特征属性进行解析，以标签化的合集对消费者社群形象进行数学建模。随着消费人群的多元发展，越来越多的消费者开始追求更深入、更有趣的生活方式，更自由地去构建自己的品牌社群角色。品牌必须意识到今天的消费者已经无法用一种标签去描述，而需要长期社群成员的需求的迭代，甚至包含社会文化的变迁。虚拟经济与实体经济相结合为品牌带来了新的机遇，数据化的资源比以往任何时候都要更有价值，新技术让量化消费者行为路径成为可能。

伴随社群经济的崛起和发展，社群媒介平台沉淀了大量的用户数据，这些数据包括消费者性别、年龄、所在城市等身份信息，也包括品牌消费的次数、商品浏览的偏好、购买渠道偏好、品牌喜好侧重、兴趣偏好等维度的行为偏好信息，还包括信息发布、关注、评论、点赞、收藏等社会化关系信息。这些信息成了品牌与消费者共用的资源池。

在消费者驱动体验阶段初期，品牌社群平台能够收集到的用户数据是稀少的，没有足够的识别码来联通不同数据源的数据，对用户的认识也会有很大的偏差，只能实现相对个性化的千人千面，并不能完全做到“精准化”。品牌社群的自建平台则可以设置一些用户反馈的渠道，跟进与社群成员紧密接触，主要目的是主动收集社群成员的反馈，带动社群成员参与的积极性，然后将收集到的反馈数据归集到原来的用户数据库中，通过多次分析，对消费者标签进行调整。其次是通过数据监测，把握社群成员的产品使用数据，基于对数据的有效分析可以逐渐形成社群成员标签的迭代，帮助品牌社群平台重新调整信息内容推荐设计策略，进行更精准的二次推荐，至此成社群成员接触—数据反馈收集—标签更新—再推荐的闭环。

## （二）连接体验阶段设计策略

**1. 减少控制性干预增加支持性服务**

在品牌社群管理中，企业的过度控制已成为常态。品牌社群的管理者往往将公司利益置于客户利益之上。但品牌社群不只是公司资产，因此控制是一种幻想。过度的社群商业信息推荐反而造成消费者的心理排斥与反感，更不利于品牌价值观的有效传递，结果往往适得其反。但是放弃控制并不意味着放弃责任。有效的品牌管理者会以社群创造者的身份参与，通过创造可以蓬勃发展的条件来培育和促进品牌社群的建设。

同时，开放性的创新环境是一把双刃剑。尽管品牌社群已经有相对完善的社群规则，平台仍需要进行大量审核来稳定整个社群参与的局面。企业在品牌社群的参与中，需要谨慎的使用官方或者品牌身份，代表品牌发言时，需要以非正式、适度口语化、人性化的语音参与到品牌社群的消费者互动中，建立与社群成员更加平等自由的沟通氛围。

新媒体发展的良好环境，对于品牌社群的构建来说提供了有利的平台支持。但企业的后期投入及支持也显得十分的重要。不仅包括运营人员的投入、资金投入，而且还包括技术的投入。通过专业的设计团队对社群平台的完善建设不断迭代，社群成员的参与体验才能够与社群成员的参与需求配称，消费者在品牌社群的体验感知才会更加的完善。社群成员之间的价值共创以及社群建设的参与才会更加积极。

**2. 鼓励消费者的真实表达**

社会化网络的发展以及移动终端的普及大大促进了消费者的自我表达意愿，降低了发言门槛。同时，通过社会化网络分享自己的日常想法、状态的人越来越多。吃饭前很多人会拍照并随时分享到网络上，基本上已经成了当下的常见行为。消费者的丰富表达其实已经形成了消费者的第二生活空间，这也是消费者的真实生活的一部分，只不过消费者的这部分的生活在没有社会化的时代无人或者只有很少的人知晓。这部分生活也构成了消费者的一个重要部分。消费者的丰富表达对品牌商了解消费者的真实想法提供了很好的机会。这种表达能够让品牌快速捕捉到消费者的潜在需求。在大众媒体主导的时代，通过问卷进行调研是了解消费者的最主要途径。

消费者真实的表达会产生许多有利于品牌建设的想法，通过这些真实的想法，不仅可以促进消费者之间在一个相对安全的共享想法的环境进行交流，而且还会给品牌留下生动的品牌故事。开放式创新的真正价值在于能够鼓励客户就产品或服务分享不同的观点。虽然可以通过特定的渠道收集到问题，但是获得社群成员广泛的意见仍然是最好的方式。

通过积极地鼓励和奖励各种观点和价值观，才能够释放消费者的创新潜力，从而取得更加丰硕的结果。品牌社群的发展重心应该从提升品牌对于消费者的印象转移到鼓励消费者自发表达他对于品牌的理解。

其次，培养有价值的意见领袖对于品牌社群建设也是非常重要的。最早提出意见领袖这个词的是社会学教授P.F.Lazarsfeld，它是指在人际传播中处于优势地位能够影响他人意见的人。根据麦肯锡的研究表示，意见领袖带来的口碑营销和社群影响力可以创造比传统付费广告多出近两倍的销售，加上多出35%的顾客保留率。社群之中的意见领袖是指在人际传播网络中经常为他人提供信息，同时对他人施加影响的“活跃分子”。他们在大众传播效果的形成过程中起着重要的中介或过滤的作用，由他们将信息扩散给受众，形成信息的传播。作为品牌社群的意见领袖，站在第三方的角度去输出内容，有利于提升社群的活跃度。

## （三）共建体验阶段设计策略

### 1. 聚合碎片化社群形成联动社群网络

消费者不再只是单纯被动地接收品牌功能性信息，而会主动搜寻、获取、交换品牌相关信息，从而感知到各种体验。这说明品牌应该重视构建起品牌自己的平台社群体系，不仅要为消费者提供互动交流的场所，而且也为自己实现品牌资源的汇聚形成有效的闭合。

因此品牌不能够仅仅关注或只运营一种社群平台。从平台设计特性的结果可以得知，社交媒介型平台中，微博、抖音等平台更适合吸引驱动参与阶段的消费者，聚合新的社群成员，通过即时性热门话题带动成员的参与性，抓住社群成员的碎片化时间；微信公众号则更适合一对一的精准服务，为消费者提供更贴合的售后服务与精华内容推送；QQ群和微信群等则在小圈子信息传播、信息反馈、成员社交关系维护等方面具有更加明显的优势，更适合与社群成员建立起短期连接关系。社区型平台如论坛、贴吧、品牌社群自建平台等可通过多种内容的进行丰富的富媒体呈现，社群内容和资源更容易获得沉淀，营造出一种更加真实有效的沟通场所，聚集有参与经验的社群成员。在这一互动空间内，成员可围绕其消费体验，进行资源的分享，进而加强互相之间的关系和情感认同，共同创造价值，提供更高的参与和投入，因此这些平台适合建立品牌与消费者之间的长期共建的深度关系。

除了建立多平台社群体系，企业还需要对不同发起者或不同建设目的的碎片化品牌社群进行聚合，这包括三个方面：一是不同子品牌的碎片化社群，以小米为例，旗下不仅要小米手机还有小米家居、小米运动等各种各样的子品牌，不同子品牌就会形成不同的子社群。因此，随着品牌的发展需要更加关注品牌社群体系的管理，就需要对不同子社群的功能进行精准化的定位；二是随着社群成员的增加和规模的扩大，社群成员的兴趣和价值观会有形成不同的偏好倾向，会越来越难建立起相对统一的思维或者行为方式。因此品牌需要关注到这个现象，有意识地对品牌社群兴趣偏向进行分组，将社群内容进行标签化管理，形成在相对统一又多元的社群文化氛围，丰富社群的组织结构。三是整合线上线下的社群数据资源。线下社群参与为线上社群分享的重要互动内容来源，也弥补了线上参与所没有达到的真实共在，更能够激发社群成员之间的情感共鸣，加深社群参与的体验感知。随着新零售发展的深入，品牌体验店的互动数据得以留存，进而达成了全渠道互动数据的流通，这种结果能给社群成员带来更加一致性的社群参与体验。

**2. 将消费者的个人追求与品牌社群价值相关联**

将消费者的个人追求与品牌文化相融。现在社会上的品牌众多，大众不可能会记住每一个品牌，因此品牌要做的是帮助受众获得自我实现，而不是名牌时代的自我标榜。

换句话说，品牌已经从大众广而告之的时代进入了能够潜移默化去影响别人的时代，这时候传播品牌价值观和品牌理念就起到了至关重要的作用。以耐克为例，耐克很少做关于产品层面的宣传，但它的品牌理念非常清晰，就是 just do it! 是一种体育的竞技精神，是勇于挑战自我不言败的坚持精神，Nike 后来做跑步者的社群，把拥有相同理念的人和热爱运动的人连接在一起，让营销回归了价值观。品牌现在仅仅算是一个浮于外在的标签，它仅代表质量好、服务好、档次高，想要做到品牌无处不在是远远不够的，必须是很多受众所认可的一个差异化的精神和文化产品，这里面要有价值观的认同，这才是品牌能够赢得消费者非常重要的一点。现如今品牌正在变成一个开放的媒体平台，以价值观产生号召力和影响力。所以做品牌的价值观传播一定要与受众产生强烈的关联，品牌只是一个道具或者是一个连接的纽带，要让受众由心而发的有心灵上的深度刺激，从而达到深度的互动。综合来看，品牌要想尽可能地扩大受众群体，就一定要深入到精神层面，不管内容形式如何变化，精神层面的东西是永远改变不了的。

所以在今天这个变化的时代，对价值观层面的东西有深度的认同和理解，并由心而发地传递出来，才能够更好地与消费者加个人价值相关联，消费者就会自觉地寻找品牌，通过品牌来彰显自己的价值观和生活方式。

其次，在社群建设和规则维护方面也要让消费者认同品牌社群的意义与价值。就要关注到消费者的个人追求其实是与社群价值息息相关的。如果消费者能主动地为品牌社群创造价值，那么也会更容易认可品牌社群的价值与意义。因此，应该努力将品牌社群价值与消费者的个人追求相关联，引导大家更多维度的公共互动。社群价值与个人价值关联起来离不开让每一个消费者积极创造，因此要尽可能的邀请他们共同参与到社群内的公共建设。品牌社群应该提供有效的途径让每一个社群成员参与进来，共同创建并共同享有社群资源。在平台功能机制设计层面，允许社群成员参与到社群的公共事务中来。需要品牌社群的主要运营人员定期发布需要大家共同商榷的事务或者重要的提案收集，让成员感知关键事务的进展。同时还要召集大家积极参与到社群公共活动中，比如品牌社群的参与规则制定意见搜集以及相关新产品活动的公共投票等。其次每个成员可以对社群中的不合理或者违规行为进行举报，共同参与裁决；还可以增加活动建议功能，在这个功能下社群成员可以公开讨论想要组织什么线上活动或者线下活动，并提交给相关建议给社群运营负责人，将权力释放给社群成员。

**3．共同创建独特的品牌文化**

在用户注意力成为稀缺资源的时代，想要更好地吸引和连接社群成员，离不开有价值的品牌内容。品牌内容的稳定输出，能够成为社群活跃氛围的催化剂。根据 Smart Insights 2017 年对全球 2 352 家品牌商的调查，有 20.3%的品牌商认为内容营销在 15 种常见营销技术中是最有效的，内容营销已持续三年在该排名中占据前三位。这是因为内容营销不仅仅让用户感觉到品牌在卖产品，更重要的是附带的情感价值。客户最终购物除了对产品的需求，还有对品牌情怀的买单。因此，品牌内部运营人员，就不能仅仅只是普通编辑一样做简单的产出，而且还需要具备专业文案素养，就要对目标人群、品牌文化、品牌印象、客户关系等方面有着非常深刻的洞察。如果想要设计出令人感到惊喜新鲜的内容，还需要创建内容创作团队来完成。

品牌故事是最生动的品牌内容。所谓讲故事，就是通过叙述的方式讲述一件富有寓意或带有回忆的往事。人们通各种形式的故事，传播着一定的社会文化和价值观念。因此，故事是最容易被记忆、传播并相互影响。而品牌故事则是通过贴近人性，把产品赋予情感，使品牌与消费者形成更有意义的讲述者与倾听者的关系。在品牌故事里，一个完整的品牌故事包含三种：一是企业品牌故事。企业品牌故事主要包含企业的历史和企业的愿景。企业能给消费者、社会带来什么价值。品牌人格化越高的企业，就越容易收到社会以及消费者的尊重。二是领袖人物品牌故事。每一个企业的创始人、CEO、管理团队本身就有许多创业过程中的故事可以挖掘。抑或是与企业有关系的历史人物故事。三是产品品牌故事，品牌产品的故事转化为产品的概念故事，渗透到消费者的生活场景中去，对产品的起源即产品的生产过程以及有关的设备材料加以讲述介绍；还有就是消费者的产品使用故事，讲述不同消费者在使用过程中所产生的不同故事。哈雷车友会的线上品牌博物馆就通过展示不同消费者与哈雷摩托车的品牌故事，形成品牌情感的联结。

在内容传播要选择合适的传播媒介载体。内容衍生层面则可以利用品牌话题带动专业生产内容。社会化时代，改变了品牌内容的运作模式，发动所有用户进行品牌内容创作，消费者创造的永远比品牌自己更多。

# 第三章　自媒体平台运营现状与未来走向

运营是指对企业经营过程中的各项管理工作的总称，包括计划、组织、实施与控制。运营过程是一个投入、产出、增值的过程。自媒体运营如同经营一个企业，也有其独特的运营流程，包括内容生产、用户积累、品牌推广、市场营销等活动。本章分为自媒体运营的媒介视角分析、自媒体运营的经济视角分析、自媒体平台运营存在的问题、自媒体平台运营的未来走向四部分。主要内容包括：自媒体的特点、自媒体社群多元化发展、内容创业时代到来、自媒体变现的多样性和可能性等方面。

## 第一节　自媒体运营的媒介视角分析

### 一、自媒体的特点

一般意义上学者将报纸、广播、电视归类为传统媒体，将基于互联网的传播媒介归类为新媒体，那么何为自媒体又如何归类。

自媒体属于新媒体的一种，因为它是基于互联网传播技术，符合新媒体最基本的定义。至于如何区分自媒体和传统媒体，这里需要采用数学上的排除法来定义，自媒体所谓的“自”通常来说就是自己、自我、自身的意思，这里有明显的第一人称视角，换言之，自媒体的所有者应该是媒体运营者自身，其传播的内容应该具有明显个人色彩，其传播形式具有自发性、自主性的特点，不受外界过多的干预。只要同时满足传播内容和传播形式对于“自”的要求才能成为真正意义上的自媒体，因此不是所有微博、微信公众号都能在本文中被定义为自媒体，那些靠转载、抄袭或者具有明显传统媒体类严苛把关的媒体都不能成为自媒体，例如《人民日报》开设的微信公众号由于其内容和经营形式与传统媒体并无太大差别不能归为自媒体范畴。由上分析可知，即使很多网站、微博、微信公众号的确是基于互联网技术传播内容的，但是他们大多数依然遵循的传统媒体生产内容的模式，因此只能称为新媒体，不能称为自媒体。

### （一）从角色角度看

从传授角色角度来看，在自媒体时代，传者和受众角色更加模糊，如果说过去人们通过网络留言互动等方式第一次模糊了传者和受者的角色定位，那么自媒体则是彻底难以分清楚传者和受者的界限，用户既可以关注一个自媒体成为受者，也可以自己开设一个自媒体成为传者，二者的通道没有门槛阻拦，很难分清一个人他到底是属于自媒体信息的传播者，还是自媒体信息的接受者，人人都是自媒体似乎成为映衬当今最好的宣言。

正是由于传授角色的模糊，导致传播学意义上的把关人、议程设置在自媒体上不复存在。无论是把关人还是议程设置都强调媒介组织在整个信息传播中的控制作用，受众的自主性有限，只能决定接受什么，不能决定传播什么，这种模式长期形成的结果就是精英传播主义，媒体通常反映的社会精英的意见，这种意见通过媒体传播出去形成影响深远且无法回避的拟态环境，再通过拟态环境的环境化使得社会现实中的人不由自主地接受精英的意见并按照他们希望的方式行动。

然而自媒体的出现打破了这一形成了几千年的传播规则，媒体受众第一次有了完全发声的机会，信息传播资源不再垄断在少数人的手中，无把关式的传播信息在当今自媒体时代已经形成常态，即使现在存在事后监控，但是信息一旦发出其形成的影响是很难完成消除掉的。公众参与议程设置也使得信息传播更加的扁平化，不再像之前那样金字塔结构，当今很多网络议题很容易形成强大的传播势头，也能从一个方面反映公众参与议程设置的力量。

### （二）从主体角度看

从传播主体角度来看，自媒体的一大特点就是个人色彩非常鲜明，UGC（User Generated Content），即用户生产内容是体现个人色彩的重要渠道，以“逻辑思维”为例，每天一条本人语音信息的推送使得这个自媒体深深打上了运营者罗振宇的烙印，用户不会关心这个自媒体背后的运营团队究竟有几个人，其内容产出是个人式还是集体式，其关注的兴趣点完全是基于罗振宇本人。自媒体通常由一人运营，最多也是几个人的小团队，这种规模意味着不可能像传统媒体那样一篇稿件由多人协同完成，并且最终稿件反映的意志是组织化的，除了专栏评论外的内容通常不会反映个人意见。自媒体则不同，其内容生产和传播完全是个体化的行为，选择写什么、怎么写由创作者自己决定，甚至有些自媒体不会特意迎合用户的口味，而是只按照自己的喜好创作，然后去吸引那些本身就对此感兴趣的用户，通过这种模式形成的用户不但具有非常强的黏性，而且其本身也会更加强化自媒体风格属性和定位，这样不同的自媒体和不同的用户就会自我匹配，而形成这种关系的最重要的因素就是强烈鲜明的个人色彩。

## 二、自媒体社群的发展

正是由于自媒体自身的特点才能开展社群运营，社群是一个社会学概念，原指具有共同兴趣爱好，认同感相近的一群人组成的集合体。传统媒体受众相对分散，群体特征模糊，类似一个个原子式孤立的存在，虽然受众也能够通过一些渠道对信源进行一定程度的反馈，但是通常速度较慢并且受众彼此之间难以形成互动，缺乏聚合力和扩散性。而自媒体的受众是基于一定的价值观归属而形成的，因此不仅受众对于媒体的信息反馈更加及时有效，而且受众之间交流效率高、聚合度高，既能即时的进行纵向反馈，也能通过社交软件横向沟通，这为自媒体通过内容传播进而展开社群运营提供得天独厚的条件。

### （一）扩散式社群运营

《暴走漫画》于2007年7月由作者“王尼玛”发起，通过建立“暴走漫画”网页，以日常生活中各种吐槽为主题制作出表情夸张的漫画，瞬间聚集了一批初始受众，随后作者又为这些初始受众提供自制漫画编辑器，由他们自由创作。这一批初始受众的形成整个暴走漫画社群的构建奠定了基础，他们通过漫画编辑器制作出漫画相互交流取乐，然后又通过网站、论坛、社交软件将这些表情传播出去，不断聚集起了相当数量的漫画粉丝。当暴走风刮遍整个网络时，不但是一个聚集粉丝的过程，而且也在无形中形成了一种社群文化，社群里面的受众既认同暴走文化，也通过自身参与的方式表达暴走文化，这种参与感是自媒体社群的一个核心特征，因为传统媒体虽然也会基于专业化细分来寻求特定受众的认同，然而这些受众仅停留于认同阶段，并不会参与媒体本身的创作，这样就无法形成社群效应。而对于自媒体本身来说，如果无法更新传播内容和提供更为丰富的社群运营模式，那么原有获取的受众很容易脱离社群，这方面暴走漫画在成功地形成了较为稳定的社群后，又将原先只是以吐槽生活方面延伸到校园趣事、个人感悟等方面，但无论如何延伸，都严格遵循暴走漫画的画风模式，搞笑风格。在形式上，网站又新增了《表情馆》《脑残对话》等10个栏目，之后又推出了《暴走大事件》和《编辑部故事》等视频节目，多样化的传播方式使得自己的社群感受到了更丰富的体验，尤其是《表情馆》引爆了整个网络聊天的方式。《表情馆》里的各种聊天表情诙谐有趣、丰富夸张，由暴走漫画社群频繁使用推至社群以外，最后使得由文字传播为主、表情为辅的网络社交演变成当下年轻用户表情为主、文字为辅的情形，由此可见，积聚一个具有高效率交流的社群会产生相当大的传播效力。

### （二）聚敛式社群运营

如果说暴走漫画的社群运营是通过由小至大，由内而外不断延伸的过程，那么“逻辑思维”的社群运营则是由大至小，由外而内不断聚敛的过程。“逻辑思维”的运营者罗振宇为央视著名制片人，其传统媒体出身的背景为其进行大众传播奠定了基础，其开办的以“逻辑思维”命名的微信公众号和视频栏目一经推出便获得上百万的粉丝，这不亚一份全国性的报纸和全国性的电视台的受众数量。然而仅靠数量大的受众很难有效的开展社群运营，因为这些受众有相当一部分是无目的性的、非价值认同感的，这些受众不符合社群成员的条件。为了使得“逻辑思维”能够开展社群运营，必须先甄别出符合社群成员条件的受众，“逻辑思维”采取了简单粗暴的方式，他们推出了史上最无理的会员招募方式，开放出 5 500 个名额，其中 200 元普通会员名额 5 000 个，1 200 元铁杆会员名额 500 个，只有愿意为“逻辑思维”付出高昂会员费的才能真正体现其是忠实于“逻辑思维”价值观的受众。“逻辑思维”招会员并不只是一种盈利方式的创新，而是为了找到对的人，会员分两档，即 200 元和 1 200 元，从而确保用户成为会员是认真的。所有招进来的会员都有几个特征：对知识性产品有发自内心的热爱；会员是为了彼此信任；会员有行动的意愿，且真能付出行动。方案一经推出名额一扫而空。当拥有了这些会员后，社群运营就是水到渠成的事情，随后利用形成的社群，“逻辑思维”又推出了史上最无理的霸王餐行动。吃“霸王餐”在中国传统语境中是指吃完饭不给钱的野蛮行为，但是在自媒体时代的社群运营却可以利用这一方式将拥有的社群成员和线下餐饮门店链接在一起，打造一个新颖的 020 玩法，不但可以为餐饮门店聚集人气打出名气，而且也使得社群本身参与感和认同感更加提高。2014 年 1 月，罗振宇向全国各大城市的餐饮业发出了“霸王餐”活动邀请，邀请中说明参加此次活动的餐饮门店将获得很多好处，包括可以在“逻辑思维”120 多万用户中多次品牌露出，成为“逻辑思维”会员线下聚餐指定场所等。而用户方面，罗振宇希望更多的人可以为这场“霸王餐”行动提出更好的方案并发布在社交媒体上供大家讨论，形成对“用互联网思维吃霸王餐”话题献言献策的热潮。几天之内，全国 88 个城市的 272 家餐馆贡献了 12 000 多个“霸王餐”席位，一时间由“逻辑思维”初步尝试形成的社群运营之风刮遍了整个自媒体行业。

社群运营看似简单，实则背后需要运营者付出很大的心血，首先一个就是要使得整个社群朝着扁平化的方向发展，这不同于一般的群体性组织通常由明显级别划分，通常由一个或多个意见领袖来把握整个群体的行动走向，这种形态充斥于各种个人崇拜之中，比如粉丝崇拜某个明星，这个群体的喜怒哀乐跟该明星是息息相关的。而类似“逻辑思维”等自媒体扁平化的社群中意见领袖没有显得高高在上，他们通常只是提出一个概念性的方向，然后由整个自媒体社群群策群力组织各种运营的玩法，当整个运营方案成熟后走向前台的是社群本身，意见领袖反而隐藏在幕后，这种强烈的代入感和参与感使得自媒体接触黏性大大超过了传统媒体，可以说用户认同的是“逻辑思维”的价值观，而不是罗振宇本人。

罗振宇本人一向很反感将关注自己自媒体的人称为粉丝，他更喜用户一词，在他看来粉丝是盲目的、狂热的、感性的存在，粉丝的个体差异在这个群体中显得很模糊，而用户则是有目的的、冷静的、理性的存在，用户关注自媒体是基于他们自身个性的选择。喜欢读书思考，偏中立立场的自然会选择关注“罗辑思维”成为他的用户，“逻辑思维”本身并不会刻意去拉拢用户，他只是提供一个平台，一旦用户经过自我选择成为“逻辑思维”的用户后，用户本身就是这个平台的主角，这也是社群运营最本质的逻辑，即扩展用户的权限，使得他们从被动的角色转为主动的角色。

## 三、社群运营的发展

“中心论”是传统媒体时代主宰天下的安身立命之本，当各种报纸、电视、互联网门户可以通过信息传播支配受众对于整个外在环境认知的时候，媒体很少会考虑受众本身对信息传播有多大作用，整个媒介环境是以媒体为中心，以受众为外围扩散的形态。美国著名专栏作家丹·吉尔莫曾经将媒体分为三个时代，新闻 1.0 是指传统媒体，新闻 2.0 是指新媒体，新闻 3.0 是指自媒体，他划分的标准主要是看媒体与用户之间是否有主从关系，因此即使一些网络媒体以自媒体形式出现，但是只要存在明显中心化向受众传播的趋势，那么就仍然属于新媒体范畴，这一类媒体尤其以一些传统媒体转型或尝试自媒体较多，比如党媒开设的微信公众号和微博，虽然在形式上是自媒体，但是那种中心价值观是难以摆脱的，这就不属于真正意义上的自媒体。“去中心化”是随着自媒体兴起后经常被提起的一种说法，在一个分布有众多节点的系统中，每个节点都具有高度自治的特征。节点之间彼此可以自由连接，形成新的连接单元。任何一个节点都可能成为阶段性的中心，但不具备强制性的中心控制功能。节点与节点之间的影响，会通过网络而形成非线性因果关系。这种开放式、扁平化、平等性的系统现象或结构，我们称之为去中心化。

以上是对于“去中心化”的定义，从中可以看出只有真正意义上的自媒体才是符合的，用户与用户之间就是类似节点，他们通过单个自媒体系统连接在一起，自媒体既可以作为控制中心对这些节点产生影响，但这些节点也可以脱离系统相互产生影响，这种新型的交互方式从来没有在传统媒体中出现过。

## （一）传播结构“去中心化”

在传统媒体时代，单一媒体传播结构是线性的，信息从中心向四周扩散，受众接收信息后即使有通道进行反馈，也是沿着原先的路径从四周向中心传播，相互之间几乎是“老死不相往来”的状态，用一个形象的比喻的话，传统媒体与受众的信息传播就像是单行线，自媒体与受众的信息传播就像是立交桥。“去中心化”目前在很多领域都会出现，这其实是一种组织结构的创新或者称为进化，其产生的背景是沟通交流的成本降低带来的协作成本降低。在过去，信息沟通技术较为落后，协作成本很高，在一个人数较多的信息系统中要通过彼此沟通来达成协作意愿要付出巨大努力，这时候通过成立一个等级划分明确的组织，建立上下级关系，制定纪律，由上级直接命令下降去做什么，这些都可以降低交易协作成本。而随着互联网，尤其是移动互联网技术的发展，产生了微信、微博等移动社交工具，人们沟通、交流的成本极大降低，人与人之间完全可以快速达成协议、建立合作关系。在这种背景下，原有的组织方式和上下级关系失去了降低交易成本的功能，其自身的问题则更为明显，其较为突出的一个问题就是中心化组织的自我保护，当它的生存受到外部的威胁，组织的领导者会把保住权利作为首要任务。这样一来组织越大其管理费用就越高，交易成本成比例地增加，办公室政治和官僚主义越来越严重，组织变得越来越僵化。这些现象在中国目前的媒体环境中其实都可以找到对照。随着自媒体的兴起，一些传统媒体感受到巨大的压力，然而受制于固有中心化的组织结构和思维方式，即使采取了一些治标不治本的转型方式，仍然收效甚微，其很大程度上是由于这种结构内在缺陷造成的。

“去中心化”这个概念是由有“微信之父”美誉的腾讯高级副总裁张小龙在2014年详细阐述微信公众平台的八大观点的其中一点，他提出“微信要打造一个真正地去中心化系统，不会提供一个中心化的流量入口来给所有的公众平台方、第三方”。微信这个中国的社交巨头一举一动都是互联网领域中的大事，去中心化被提到如此高度，紧接着便被各种讨论、分析和研究。微信平台是自媒体孕育的肥沃土壤，基于人际传播的微信可以释放每一单一个体的传播潜能，不同于微博的公开化传播的特征，微信更具有隐私性和个体性，每一个人的传播欲望在这里得到释放，在这里那种强势的媒体风格不会得到受众的青睐，反而那些充满个性化的自媒体采取平易近人的传播方式受到了热捧。如果以公众号作为中心划分维度的话，就会有上千万个中心，据不完全统计，微信公众号数量已突破 2 000 万，每天还在以 1.5 万的速度增加，平均每 70 个微信用户中就有一个开通了公众账号。以上是大数据样本得出整个自媒体环境下去中心化的趋势，而通过小样本来分析一样可以发现。2015 年微信公众号 500 强中平均每日阅读数最高的是《人民日报》的 90 895 次，最低的是《娱乐圈头条》的 33 214 次，这 500 个样本阅读数都集中在 3 万～10 万这一区间，可以很明显地看出用户注意力分散，很难形成一家独大的信息传播中心。这些数据都反映了信息传播的中心已经变得非常模糊，用户可以根据自己的兴趣选择关注自媒体让其成为自己的信息传播中心，也可以自己建立自媒体成为其他人信息传播中心，这种角色身份的转变异常频繁，当达到一个临界速率时，很难分辨哪一个才是真正的信息传播中心，或者说已经完成了真正地去中心化。去中心化让每个个体都有机会成为中心，而每个中心都依赖于个体，个体一散便不成中心了，这种既矛盾又统一的特征是自媒体可以吸引海量用户的魅力所在。

## （二）“再中心化”重塑之路

随着“去中心化”这一概念在各个行业被炒得火热之时，很多人都陷入了一个误区，认为去中心化是未来世界的终极形态，去中心化就是不要中心，这就导致了现实存在的情况很难说得通。比如说微信公众号是一个去中心化的体现，每个人都是一个可以连接别人、影响别人的节点，但是有人会有疑问，“微信公众平台的那些舆论领袖不就是中心吗，他们发表的内容比普通人产生的影响力要大得多”，这就是典型的误解去中心化的表现。去中心化不是不要中心，而是中心多元化，任何人都可以成为中心，任何中心都不是永久的，中心对每个人不具备强制作用。再比如微博上有着很多明星是影响众人的中心，每个明星都靠着粉丝的拥簇，都在一定时期内影响着别人，他没有强制影响粉丝的权力，哪一天他不红了他的中心影响力便会不断削弱。微博上还有很多网红，他们最开始可能只是一个默默无闻的草根，但通过微博他们也可以产生自己的影响力并且在某个时期内成为一个中心。每个人都可以去连接和影响别人，当自己的发声和价值主张吸引了别人的关注和支持，那么他就成了一个中心，也就是说每个人都可以成为中心，每个中心都依赖于个体的支持拥簇，离开个体便不存在中心。

因此，我们可以说“去中心化”的过程其实也就是“再中心化”的过程，去掉了过去那些通过传统等级传播机制形成的旧中心，再造了现在通过多层次交叉节点传播机制形成的新中心。无论是微博还是微信公众号，在刚刚推出的时候，自媒体数量非常之多，每个人都力图使自己成为一个有影响力的信源，成为传播系统中的一个中心。如果将公众平台比作经济学概念中的市场的话，自媒体相当于信息供给者，用户相当于信息需求者，当信息供给过剩时，将会有一大批自媒体退出市场，最终使得信息供给和需求达到市场均衡的状态。市场作出选择将那些无法胜任中心的自媒体淘汰后，剩下来的自媒体就能聚集起一定规模的用户，随着运营的成熟，这些自媒体又成了一个个传播中心。“去中心化”到“再中心化”是一种动态的转换过程，过去传统媒体市场一旦因为信息资源垄断成为传播中心就会一直保持下去，这种形态不会有什么变化，是一种静态，而当下的自媒体市场任何一个自媒体都无法长久保持中心状态，一旦由于自身运营问题或者用户兴趣点转移，中心位置就不复存在。

# 第二节 自媒体运营的经济视角分析

## 一、内容创业时代的到来

自媒体不仅作为媒体体现媒介属性，而且也作为经济体展现出了很强的商业属性，本章将站在经济视角分析自媒体运营。2016 年 1 月 22 日新媒体排行榜以“内容创业之春”为主题举办 2016 新榜大会，内容本身的价值在自媒体时代被凸显，微信公众平台作为第三方为各个自媒体人搭建好了内容分发渠道，自媒体人无须为解决渠道问题付出努力，只需要专心于产出优质的内容。在过去，传统媒体掌握内容传播渠道，任何个人想要传播都需要依附于它们，这时候内容本身的价值和影响力会受制于渠道难以真正发挥出来，同样质量的内容在不同的渠道上传播，产生的传播效果可能会产生天壤之别，在这样的现状下，忽略渠道去谈“内容为王”是很不现实的。而微博、微信公众号提供了无差别的第三方传播渠道，任何人都能以极低的渠道成本去传播，此时内容的价值将会成为自媒体市场竞争中取胜的关键，此时提出“内容创业之春”已经有了充分的依据。

### （一）内容“IP化”

中国较早开始内容创业的要数吴晓波，其早年通过《激荡三十年》《大败局》等财经书籍为人们熟知，后来通过各种方式将自己的作品IP化，将内容与商业紧紧地结合在一起。能够产出优质内容的作者并不罕见，但是只是生产内容不能称为内容创业，只有将内容商业化，将内容的魅力衍生到其他领域变现才能称之为内容创业。以吴晓波为例，2014年5月他开始运营微信公众号《吴晓波频道》，通过《去日本买只马桶盖》《最后一个“看门狗”也走了》《跟王林合影是多糗的事》等优质文章不断吸引受众的眼光，引发热议。不同于一般的作者仅关注内容创作本身，而忽略内容价值的衍生和转嫁，吴晓波在其内容受到追捧后迅速尝试转型，在《吴晓波频道》仅上线一个月后，“吴酒”出世，并创造了33小时5 000瓶的佳绩，吴晓波的内容＋电商尝试一炮走红。不满足于文字传播的单一性，吴晓波还将自己的内容视频化，通过和优酷合作，开设了《吴晓波频道》视频专栏，吴晓波自己出境做主持人将文字内容通过视频的方式展示出来，这样一来同样的内容由于多元化的传播方式产生了1＋1＞2的效果。很多作者仅仅将目光局限于内容本身的效果，其实内容的价值是可以被放大到其他领域的，这就是所谓的内容IP化。IP（Intellectual Property），即知识产权，在自媒体语境下可以理解为内容商业化，著名自媒体人罗振宇对IP的定义为：它是能凭借自身吸引力挣脱那些单一平台束缚的内容，简而言之就是可以在多个平台分发的内容品牌或人物。IP的特点主要有以下三个：①在自身垂直领域上足够优秀，并且具有刷新认知的结论，也就是要有一招，仍然以内容IP的代表吴晓波为例来分析IP特点，吴晓波在财经领域是久负盛名的作家，其代表作《激荡三十年》和《大败局》风靡至今，里面对于中国改革开放以来的经济发展作出了深入浅出的剖析，加深了读者对于中国经济的认知。②同一领域优先冒头的IP，可以迅速占领目标人群的心智，从而无论2C还是2B都可以建立优势地位，虽然财经自媒体数量较多，但是作为很早就出名的吴晓波即使在2014年才开设个人自媒体，仍然可以依靠积累的名气在2C端迅速获得大量的财经爱好者关注，2B端以电商形式和白酒生产厂家合作。③所有的IP均具有共性和个性，既能代表人们愿意追随和赞美的优秀品质，也有垂直领域舍我其谁、娓娓道来的专业认同，吴晓波拥有一个写作者所渴望拥有的全部优点：富有、英俊、乐观、谦逊、才华横溢、朋友众多，同时他在财经领域具有深厚的积淀，收获了业内和读者的肯定。依托于内容IP成功，吴晓波又开始涉足投资领域，2014年7月著名餐饮垂直自媒体“餐饮老板内参”宣布获得2 000万融资，“狮享家新媒体基金”浮现众人眼前，人们赫然发现，吴晓波已经化身为新媒体投资人。

内容如果只是一次传播转瞬即逝是很难IP化的，只有通过重复交叉传播才能IP化，因为当今社会信息体量非常大，一次的内容传播很容易淹没在信息的汪洋大海中，只有那些拥有顽强生命力、能够反复传播的内容才能够在用户端留下印象，这就是所谓的内容再生产。为什么儿童相关的内容很容易IP化呢？正是因为儿童是一个乐于分享互动的群体，当出现了一部好看好玩的动漫节目，儿童之间会热烈的交流讨论，并且这种氛围会蔓延得非常迅速，这时候推出内容IP化的周边产品很容易获得追捧的效应。例如《喜洋洋灰太狼》火爆的时候，儿童都以获得一个动漫玩偶为荣，这种将内容IP成功的案例比比皆是，其中非常重要的原因就是好的内容会在儿童群体中不断地分享，这种多次交叉传播使得内容的魅力发酵出来，随后的IP化也是顺理成章的。而在成人社会，人们通常更多的关注工作和学习，对于媒体传播的优质内容很难形成讨论的氛围，这一方面是因为成人相对于儿童的特性，另一方面也是因为媒体环境造成的。传统媒体功能单一，仅限于将内容制作出来呈现在受众面前，无法提供二次传播的渠道，这样一来受众即使有分享交流内容的意愿，也因为成人的身份不会在线下采取行动。而自媒体则提供既能提供内容，也能提供一个线上的分享沟通渠道，这样一来充分释放了成人分享沟通欲望，也为好的内容能像儿童世界那样在成人世界成功IP化创造条件。正如麦克卢汉所说，媒介即信息，裹挟在基于社交关系的自媒体中，内容生产的门槛变得空前的低。简单的转发加评论将内容消费与再生产合二为一，极大地促进了对于内容的消费需求，转发、评论成了改变内容原本的关键因素。

### （二）内容是方式，创业是目的

内容是方式，创业是目的，这是自媒体内容创业的逻辑，一个有IP化价值的内容通常可以获益十年，而通常大多数企业未必能存活十年，因此好的内容通过IP化后至少比大多数创业要持续更久，这也能解释为什么当下内容创业如此火爆。内容创业这一概念是紧密依托自媒体衍生出来的，这是因为自媒体提供了充分展示内容魅力的可能性，在自媒体出现以前，人们通过报纸、杂志获取文字图片内容，通过广播电视获取音频视频内容，而后来出现的各种门户网站也仅仅是将这些内容形式简单的组合在一起，由于这类媒体有着严格的内容输入要求，通常给受众以单调的感觉，这种形式很难商业化，最多也只是通过广告补贴。自媒体出现后，内容输出变得非常自由，一句话、一段语言、一段短视频都可以作为内容进行输出，它们既可以单独出现，也可以糅合在一起打包出现，形成对受众多感官维度的冲击。自媒体内容能够IP还有一个重要原因是自媒体足够垂直，由于不存在刊号资源、频率资源的短缺，自媒体理论上可以细分到无数个领域，大至政治、经济，小至汽车、升学教育，甚至自媒体汽车类还可以分出日本车、德国车等五花八门的细分类别。当前细分专业领域自媒体市场集中度很高，拥有巨大的市场潜力，这一点可以通过战略管理中产品竞争战略阐述。产品竞争战略认为企业的产品通常可以采取两种战略，一种是成本领先型战略，另一种是差异化战略。由于自媒体传播渠道成本对于每个自媒体人来说都是相同的，因此要想使自己在自媒体市场存活下来只有采取差异化战略。所谓差异化战略，就是指企业就用户广泛重视的一些方面在产业内独树一帜，或在成本差距难以进一步扩大的情况下，生产比竞争对手功能更强、质量更优、服务更好的产品以显示经营差异。当前自媒体市场鱼龙混杂，内容同质化严重、打开率低、分享动力不足，自媒体盲从跟风的红利期已过，只有深耕于某一细分市场，利用自身专业优势显示差异化定位，沉淀更多平台用户，加速转化与变现，这也是内容IP的重要条件。以国内著名财经自媒体蓝鲸传媒为例，这家自媒体平台专注于服务财经记者，通过旗下蓝鲸财经记者工作平台为财经记者提供采访对象联系方式、发布会时间、新闻线索等，使得国内财经记者对该平台依赖性很强，随后它又用在2015年8月获得的5 000万元A轮融资，收购了一家录音整理公司，为财经记者提供采访录音解决方案。随着在业内知名度的不断提高，蓝鲸传媒开始自身内容的传播，通过旗下财联社这一股票资讯类软件发布各种即时财经信息，几乎做到了业内最快的信息源，打造电报式快讯是财联社的目标，专业性强、传播速度快成了蓝鲸传媒内容差异化的标志。当自己的内容形成了独特的竞争优势后，蓝鲸传媒没有像其他资讯类自媒体那样仅仅做好内容方面，而是选择迅速将内容IP化，先通过制作普通版鲸鱼玩偶尝试市场反应，当得到良好反馈后，又发布了耳机版鲸鱼玩偶、圣诞版鲸鱼玩偶，这些IP化的做法为蓝鲸传媒带来极大的曝光度，随后大量客户开始谋求与蓝鲸传媒的商业合作，既有希望蓝鲸传媒提供广告展位的，也有希望蓝鲸传媒提供设计优化方案的，可以说蓝鲸传媒内容IP化的第一步走的是成功的，2016年3月份获得B轮融资是资本市场给出的回应。

根据以上内容，总结内容创业其实就是内容IP化的过程，而自媒体可以深度细分垂直及基于社交基因的重复交叉传播的特点为内容IP化创造了条件，这就是内容创业的内在逻辑。

2016年三月初，腾讯公司推出“芒种计划”，意图扶持原创作者，让他们能专心致力于生产更好的内容，建立起更好的生态，同时也希望让每一个优秀的自媒体找到特定读者群，让小众的兴趣也能觅到知音。对于内容创业，腾讯作为平台方已经做好了准备，如何通过内容来创业则是摆在每一个自媒体人面前的问题。新媒体观察家魏武挥将内容创业形象地比喻为一只鸡，内容就像是一个鸡头，虽然可以卖钱，有一部分价值，但很难卖出高的价钱，真正贵的东西是鸡翅膀、鸡腿，它们由内容产生出来，但不是内容直接变现出来的。魏武挥的比喻将内容的角色定位阐述得很到位，以电影举例，一部好的电影真正赚钱的部分并不是电影票房，因为电影本身成本很高，包括前期摄制、演员片酬，后期的剪辑、推广，如果仅仅依赖票房收入，那么电影行业的利润率不会吸引资本投入。电影真正赚钱的部分是通过吸引观众进入片场后的其他商业行为，比如在看电影前需要买一些爆米花、饮料，当电影放映前还会被迫看一些广告，看完电影后可能还会在商场吃饭、购物，这些行为才是一部电影带来的最主要价值，靠电影把人气吸引过来，然后自然而然的产生其他的生意。同样的道理，内容创业者也应当意识到当通过内容吸引流量后，要迅速利用其他方式将流量变现，自媒体人只有将自己放在一个创业者角度而不是作者角度，内容创业才能有机会成功。

## 二、自媒体变现的多样性

自媒体如何变现一直是整个行业关注的焦点问题，只有稳定的变现机制才能使得自媒体更好的生存发展，根据新榜统计，当前已经有百分之三十的自媒体实现了变现，其主要方式包括广告、增值服务、电商。自媒体变现是一个非常系统的问题，同样数量用户的自媒体变现价值却可以有天壤之别，同一个自媒体采用不同的变现方式产生的收益也有很大差别，以下重点分析一下当下自媒体变现方式是如何运营的，同时也探讨以下未来还有哪些变现的可能性。

### （一）广告变现

通过售卖广告版面获得收益似乎已经成为媒体变现的天然模式，这种方式从传统媒体延续到自媒体。实际上自媒体广告变现逻辑非常简单，有一定用户数，通过分析可以定位用户层次，后台数据可以反映平均用户活跃度，这些数据都将成为自媒体广告价格的衡量因素，这种逻辑和传统媒体接广告并没有多大的不同。自媒体广告市场是一个由四方参与的市场，包括平台方、自媒体、广告主和用户。平台方包含两个层次，一个层次是由微信、微博、今日头条等组成的自媒体平台，另一个层次是由新媒体排行榜、派吧广告平台等组成的第三方交易平台，前者主要为自媒体人提供一个载体，使其能够更好地在自己的平台上运营自媒体，后者主要是通过大数据分析连接自媒体和广告主，使之能够更好地匹配，既能使得广告主利用自媒体的流量推广产品，也能使得自媒体将流量变现。广告变现的模式主要有三个连接，其一连接平台方，其二连接内容方，其三连接广告主。连接平台方是指自媒体应该尽可能地在不同的平台获得流量资源，用户多在自媒体上停留一分钟，就能更好提升用户黏性和转化率，得到广告增量收益，这方面“逻辑思维”是一个成功的范例。“逻辑思维”最早开始于微信公众平台，当获得一定流量后迅速在优酷视频网站开设“逻辑思维”频道，将微信用户流量导入优酷，之后又尝试在喜马拉雅 FM、百度贴吧开设专栏频道。善于自媒体运营，将流量在平台之间相互转化，使得既能连接每一个平台，又不局限于某一个平台，最终“逻辑思维”成了一个超越平台的独立品牌存在。连接内容方主要是要针对产品特性和广告需求，精准匹配相关的内容和用户，实现更高效的传播。财经自媒体蓝鲸传播旗下的浑水专注于精准连接内容方，通过承接有自媒体广告投放需求的广告订单，利用自身数据系统匹配和产品特性相关的内容。以互联网金融 P2P 产品为例，这些产品的用户通常有一定的经济基础并且有理财需求，因而他们关注的内容通常是一些财经信息，浑水会从自媒体数据库中筛选出财经类自媒体作为投放渠道，这样精准连接到内容方使得产品推广的效果明显提升。连接广告主是指承接广告投放要以自媒体调性为基础，如果不加选择的承接广告很容易引起用户的反感，因此广告的传播应当尽可能符合内容本身的特性，做到无打扰式广告呈现。

### （二）增值服务

增值服务目前在一些原创类自媒体中已经取得一定的进展，主要包括付费阅读、会员制、私人定制、咨询服务、沙龙培训。付费阅读模式早在传统媒体时代就开始尝试，看一本书一份报纸要付出一定的成本，虽然电视媒体一开始都是免费的，但是后来也推出了付费观看节目和频道的做法，这些模式随着互联网兴起后慢慢受到了冲击，因为在网络上一切都是免费的，中国人潜意识里认为有实物形态的产品才有付费价值，而虚拟产品理应免费，这样一来对媒体付费尝试造成了很大冲击。而 2015 年年初微信推出自媒体原创内容保护功能，有原创标识的自媒体内容未经允许转载复制将受到责任追究，这为自媒体内容付费机制奠定了基础。内容付费通常由两种方式，一种是先提供部分内容供用户阅读，如果想阅读完整就需要付费；另一种就是目前比较流行的打赏方式，用户阅读完文章后可以随意打赏作者。付费阅读使得自媒体人可以安心于内容的生产而不必因为要满足生计需求承接用户反感的广告，这一切的实现主要是因为两点，其一是平台方对于原创内容的保护，这使得自媒体人可以有效控制自身内容的展出渠道，获得增值收益，其二是移动快捷支付使得打赏或者付费变得非常简单，不必额外消耗用户的学习成本和时间。会员制的产生主要是由“逻辑思维”开始的，2013 年 8 月 9 日“逻辑思维”推出“史上最无理”的付费会员制，5 000 个普通会员：200 元；500 个铁杆会员：1 200 元，这 5 500 个会员名额只用半天售罄，160 万元入账。

对于这些付费的会员，“逻辑思维”前前后后大概举行了 10 多次福利活动，也就是其所谓的“罗利”，这些罗利大到智能电视，小到一件衣服，各式各样。另外，“逻辑思维”还在搞“相亲”活动，罗振宇本人也在微博中鼓励各地的会员自发组织团体，互相交流。这种成为会员即可加入“逻辑思维”的社群组织对于真正认可“罗辑思维”的价值观、欣赏罗振宇本人的用户来说吸引力很大，他们得到一个可以表达自身意愿、寻求认同感的机会，也能从逻辑思维获得各种线上线下的活动体验。对于“逻辑思维”自身来说，通过拉进第三方商家赞助各种产品赠送给会员并承诺以“逻辑思维”的平台帮他们宣传，这样一来既能找到商业合作机会为后面更大的运营活动找到方向，也能满足用户作为会员的荣耀感而不需要付出较大的成本。咨询服务和沙龙培训是蓝鲸传媒这种专业类自媒体的增值服务，目前蓝鲸传媒已经联合各大高校和研究机构举办了多期财经记者学习班，为各地入选参加的财经记者免费培训财经新闻相关知识，这种方式既可以使得作为蓝鲸传媒用户的财经记者对其黏性增加，也能整合学界和业界资源，使得蓝鲸传媒自身品牌曝光度增强，在传媒领域拥有更高的话语权。

### （三）电商模式

电商模式是一种打通内容和商品关系，使得流量转化为销量的一种三方共赢的方式，既可以使得商家售出商品获得利润，也能使用户找到高品质的商品获得满足，同时自媒体也可以获得收益分享。内容＋电商模式在“逻辑思维”和“吴晓波频道”都得到了成功的尝试，“逻辑思维”每周都会为自己的用户推荐一本好书，同时也给出购买图书的链接，推荐好书本身就是“逻辑思维”运营的一个组成部分，因为“逻辑思维”的用户都是对知识有着追求的人，而与出版商合作将这个运营方式商业化，既能使用户感受“逻辑思维”推荐图书的心意，也能获得图书销售的利润分成，因此逻辑思维找准自身内容定位、用户定位开展电商活动获得了巨大的成功。在图书销售取得成功后，“逻辑思维”开始逐步扩大电商种类，目前还涉及茶叶，它揭露市场上茶叶农药超标问题很严重，为了让为“逻辑思维”用户能够喝到放心的茶叶，“逻辑思维”买手团队和联想品牌创始人柳传志合作，由柳传志亲自挑选出为“逻辑思维”用户定制的龙井茶，再由逻辑思维电商渠道销售给用户，从内容发布到活动策划再到销售完成，这一套流程衔接得非常无缝，这也是自媒体电商变现的逻辑，即让一切都不经意的发生，不给用户带来因商业化产生的不适感。但是目前自媒体电商还仅仅局限于图书这类标准件产品，而一旦涉及生鲜、服饰等非标准件产品，自媒体人缺乏经营管理经验的缺点就会暴露出来，因为这些产品会涉及物流、库存、客服等方面，未来当积累起足够的经验，内容＋电商模式将会迎来一个爆发式增长。

## 三、自媒体估值与融资

### （一）估值

自媒体运营和纯粹的内容创作有目的性的区别，内容创作是为了作者本身思想的诉求和认同，而运营是为了扩大影响力进行变现。当一些自媒体实现了变现，获得了第一桶金后就会开始思考如何获得资本市场的青睐以实现扩张。融资是一个非常漫长且艰苦的事情，其中尤为关键的是如何对一个自媒体进行估值，因为自媒体不像一些实体企业可以通过分析资产状况计算估值，或者像具有稳定现金流的服务企业可以通过折现现金流得出估值，它更多依赖于市场的走向和运营方式的创新，因此如何对自媒体进行估值是一个相对新颖的领域。目前已经获得融资的自媒体数量并不多，统计了主要的几家，已经获得融资的自媒体通常成立时间较长，拥有相对稳定的变现渠道，并且这些自媒体有一个共同特点，就是垂直于某一个领域，内容品质较高。按照目前行业惯例，由于自媒体未来现金流很难预测，甚至有一些融资在自媒体成立前就已经开始，因此投资的对象都是优秀的内容创作者，大部分是用 1 000 万来估值。

目前资本市场并没有一套对于自媒体的估值所谓的“算法”、公式，大多数主要是根据对创始人、想做的事情的直觉判断。以商业计划书来说，几乎很少有自媒体能够出具高标准的商业计划书，创始人都是以自身的人格魅力作为商业背书吸引投资人关注，相信他们做的事情是值得投资的，换言之，当前的自媒体估值更多的是对人、对事“定性”的判断。国内资深新媒体投资人范卫锋在其《新媒体十讲》中提出自媒体估值通常采用一种逆向思维，自媒体人根据自身的需求给出报价，资本方作出匹配，双方觉得差异不大就已经敲定，并不会过分在意细节。

自媒体估值拥有的客观参考数据包括用户数、阅读数、转发数等，但这些数据和估值并非正相关的，有一些垂直领域的自媒体用户数只有十几万，但是估值却很高，也比较容易拿到投资，如“12缸汽车”和“车早茶”，关注的都是垂直领域下的细分行业，粉丝并不多，但可以依靠内容圈住用户并在后续的产业布局中发挥持久的消费力。由此可见，用户的数量只是资本对自媒体的一个基础关注点，用户的其他属性才是更重要的因素。自媒体是一种相对私密的媒介，其开放程度和传播途径都相对受到限制，天然地实现了“人以群分”。这一群人只对某个方面的消息感兴趣，也只会为这个方面的产品买账，所以用户的忠诚度和消费能力显然更受重视。这也是“逻辑思维”被资本看好的原因所在——背后有足够多有关联、有黏性的死忠粉。吴晓波只投垂直门类的第一、第二名，对于一个公众号来说，要在自己的垂直领域有很强的渗透能力，能打通产业链，聚拢各个环节的人，调动各方面的资源，如果只是粉丝量很大，但变现模式不清晰，投资人也不会考虑，投资人之所以密集地投资自媒体就是看到了其背后的人群价值。

### （二）融资

资本为何青睐自媒体？这些发展迅速的自媒体有着各自不同的发展模式和商业价值。分析这些获得融资的媒体，我们不难从中发现一些共性。可扩展的商业价值。拿蓝鲸传媒、新榜这样传媒圈的自媒体为例，实际上资本看好的并不仅仅是它们作为媒体本身的传播价值，更在于它们聚集资源后，所能扩展和变现的商业价值。

具体来讲，新榜以数据榜单的形式聚集了零碎的、大量的微信公众号，从公众号的分类中，可以看到它们分属不同行业、有着不同内容，方便有选择性地识别它们的内容和价值。另一方面，数据的统计也对微信号聚集用户的能力有了直观的展示，便于投资和筛选。根据融资后各自媒体负责人的说法，他们基本不会满足于初始的媒介形态本身，而是在寻求更多的发展方式。低成本获取用户的方式。目前，微信的注册用户已经达到5亿以上，成了一个最便利的聚集用户的平台，借助微信平台，许多自媒体完成了低成本聚集用户的第一步。除此之外，视频网站、自媒体官网、互动社区等网络渠道，相比传统渠道大大降低了产品生产的成本。同时，自媒体进入市场的成本低，只要有优质的内容，创新的形式，就很容易吸引到用户的关注，从而引起资本的注意。专注垂直领域。在这个追逐个性的年代，广而泛的内容很难引起大众的关注了，目前自媒体的发展方向基本朝着小而精的道路前进。针对垂直领域、亚文化群体的自媒体纷纷出现，有针对性地吸引用户，在特定行业内实现商业价值。如蓝鲸传媒专注财经记者社区及相关服务，“逻辑思维”走的是施展个人魅力路线，大象公会注重深阅读的原创内容等。

对自媒体的投资本质上是对自媒体人的投资，这一点不像其他行业，其他行业通常会在形成相对稳定的团队和业务模式后寻求融资，此时资本看中的是团队的潜力和商业前景，而自媒体不同，自媒体在形成一个团队前通常只是个人在运营，对的人很重要，这是一票否决制的。在自媒体领域，真正具有优秀的内容生产能力的人比例非常低，而这些人中具备经营能力的人又不是很多，这就使得能够获得融资的自媒体人相当稀缺。传统媒体采编和经营是严格分开的，而自媒体时代，采编和经营如果严格分开的话就不能适应这个时代的变化，也无法迎合资本方的兴趣点，资本方希望自媒体更多体现个人化的一些特点，这样可以积累黏性高的用户以为将来深度商业变现做铺垫。

# 第三节　自媒体平台运营存在的问题

## 一、自媒体抄袭

2015 年 3 月中旬，微信公众号“花边阅读”和“异见”的运营者委托上海高朋律师事务所对涉嫌抄袭的“酿名斋”和“文字撰稿人”向深圳南山法院立案提起诉讼。5 月 5 日，抄袭起诉状立案，书面受理通知发出，人民网、新华网、凤凰网等各大媒体纷纷以“微信公众号探索以法维权”等标题加以报道。“花边阅读”是一个文艺自媒体，采用 UGC 模式，每天晚上 21:30 固定推送原创文学、生活美学、视频等，成员号称针线工，主要由设计师、时尚编辑、记者、学生等组成，用户则多为文艺女青年。该案件的立案审理对原创版权举足轻重，对于自媒体健康生态建设影响深远，无论是平台方，还是自媒体都在试图扭转抄袭者“收益高风险低”的局面。

根据新媒体指数官网日常监测的 38 万微信公众号数据显示，有 170 743 位账号在一周监测时间段内有发文行为，发文公众号占比 45%。而所有发文公众号中，有 18 529 位公众号拥有原创标签文章，原创文章公众号数占全部公众号总数的5%，占发文公众号的11%。由此可见，在目前新媒体指数监测的微信公众号中，仅有十分之一的活跃公众号拥有原创标签，如何做到高产出的原创内容是自媒体当下面临的一大问题。

低成本复制、抄袭成为制约自媒体发展的主要因素，长期以来，大量的所谓“编辑号”“文摘号”抄袭严重，很多原创者（包括个体和媒体）叫苦不迭，为此无论是微信公众平台、今日头条、百度百家，还是其他自媒体平台都在鼓励内容原创，打击抄袭行为，这对于自媒体的发展是非常关键的，自媒体依靠富有个性化特点的内容吸引用户进而利用这些黏性强的用户展开运营、变现，这是自媒体存在发展的根本逻辑，如果没有一个保护内容原创的土壤，那么这个逻辑是无法成立的。当抄袭行为不加以制止，首先造成的结果就是内容同质化严重，一篇原创内容刚刚发出，瞬间被其他人不加说明的发在了自己的自媒体上成了自己的内容，用户最终也不会明白内容源自何处，这种局面就会削弱自媒体个性化特点。当自媒体内容同质化严重、个性特点不再突出后，用户黏性将会自然而然地下降，自媒体运营将会变得非常困难，这对于自媒体市场的发展有相当的危害。

### （一）闭环生态缺陷

目前自媒体主要以微信公众号形式存在，微信公众平台封闭的生态是抄袭的温床。众所周知，微信公众平台一直是封闭的平台，用户不订阅一个公众账号，就无法查看到其发布的内容。正因于此，很多人才会纷纷抄袭，因为在微信这个封闭的生态里，无人知道内容是抄袭而来。当搜狗推出了微信搜索后，用户可以通过搜索查看微信公众账号发布的内容，于是，微信公众号存在抄袭的丑陋一面就浮出了水面。微信公众账号抄袭的现象与生俱来，浮出水面只是因为搜索技术手段的进步打破了微信封闭的生态。很多自媒体都在经营微信公众账号，并且靠内容来聚拢用户，显然，优质的内容对于微信公众账号提升影响力有非常大的帮助，而很多号称自媒体的微信公众账号拥有者自身素质不高，难以生产出高质量的内容，抄袭顺其自然成了一条捷径。抛开立法缺失，维权困难这些外在因素不说，微信公众账号抄袭风盛行，根本的症结在于微信生态过于封闭，这种生态使得抄袭被曝光的风险自然降低，加之抄袭本身就是一件低成本但又能带来很高收益的行为，低成本、低风险加上高回报的内在逻辑很容易能解释当下自媒体抄袭成风的现象。

### （二）平台监管不力

微信官方对抄袭的疏于监管，是微信公众账号抄袭成风的催化剂。当下微信公众账号抄袭现象已经处于失控的态势。援引媒体报道，微信公众账号内容被信任度仅为5.2%。如此低的信任度，意味着微信公众账号基本无原创内容。那么，微信公众账号为何会存在大量伪原创内容？自2012年推出微信公众账号到2015年推出原创标识以来，微信官方除了对色情和危及国家安全的内容进行监管，对于是否原创内容，没有制定严格的干预体系。在自媒体强烈的呼吁之下，微信官方才勉强推出了抄袭投诉功能，然而在微信公众号已经抄袭成风的环境下，抄袭投诉上线的实际意义仍然是值得商榷的。国家现有的法律对抄袭者的惩罚相当有限，加上举证和搜集证据比较难，侵权案件胜诉率并不高。在这样一种环境下，用户对微信公众账号抄袭维权无门，微信官方的监管就显得尤为重要了。从这一角度来看，微信公众账号抄袭现象泛滥，微信疏于监管可谓是难辞其咎。

## 二、自媒体诽谤

2013年新快报记者陈永洲损害商业信誉事件曾震惊全国媒体界，媒体侵权一度是热议的话题，然后在该事件沉寂两年多后却发现相比于传统媒体，自媒体因为没有规范化的操作流程，自媒体人也不具备较高的职业操守，侵权事件更是屡见不鲜。

### （一）个人隐私屡遭泄露

自媒体和传统媒体至少在一个方面是类似的，那就是披露个人信息引发的围观窥私，当然，其交互式传播是传统媒体望尘莫及的，这就可能引发更大的危害。

2015年7月中旬，微信公众号里疯传“三里屯优衣库试衣间爱爱”的消息，并且附有不雅照片及视频，随即从微信传到网络，展开了大量的“挖掘”。在集体围观下，即便随后视频被删、图片打码，男女主角如今也已无隐私可言，网友曝出视频当事人的微博账号，各种技术分析帖、内涵解剖文、还原真相帖将他们置于显微镜下。网民们甚至还扒出所谓“女主角微信聊天记录”，人肉出当事人微博。“原生”材料和被网民挖掘出的材料一起，让舆情如打了鸡血般升温。众多网民一方面斥责这种传播无节操、无下限，一方面私下问“视频在哪”。拥有好奇心是人的本能之一，但是如果不加以控制就可能会侵犯他人的权益，传统媒体由于有着较严格的把关机制，出现侵犯隐私的概率相对较低，国家对于在电视台或报纸出现的个人隐私类信息也会要求采用化名或者打马赛克等方式隐藏。而自媒体属于个人媒体，个人对信息传播拥有高度自主权，而自媒体人法律意识淡薄使得涉及他人隐私类的信息通常不加处理就传播出来，此类现象可谓屡见不鲜。

### （二）公众人物频遭诽谤

公众人物天然是媒体关注的焦点，传统媒体在有着严格的把关机制的情况下仍然经常诽谤公众人物，而自媒体为了增加曝光度、吸引流量更是会在关于公众人物的内容中用一些耸人听闻的字眼或者炮制一些子虚乌有的事件。2015年11月16日，万达集团向北京法院正式起诉公众号“顶尖企业家思维”，索赔千万，并向网信办举报其侵权行为。事件源起于公众号“顶尖企业家思维”发布《王健林：淘宝不死，中国不富，活了电商，死了实体，日本孙正义坐收渔翁之利》，提及淘宝时，用词十分负面：“淘宝如吸毒”“不可一世的马云”“造成国税枯竭”。文章发布后在微信朋友圈疯狂转载，事件迅速发酵，随后万达官网声明：王健林从未发表文中言论，该文已经严重损害王健林的声誉，随即提出千万索赔。目前国内司法领域也开始对自媒体诽谤公众人物有所回应，其中尤以周杰伦状告微信公众号“微秀生活”较为出名。2015年6月，周杰伦发现北京人和书画院创办的微信公众号“微秀生活”中登载了一篇写周杰伦的文章，文章中充斥着“日本汉奸”“卖国贼”“一坨屎”“贼眉鼠眼”等一系列带有攻击性的词语。周杰伦认为这是公然捏造事实和恶意中伤侮辱，于是将北京人和书画院诉至法院，要求赔偿经济损失、精神损失60万元。北京朝阳区法院判决经营该微信公众号的北京人和书画院构成侵权和诽谤，判其赔偿周杰伦经济损失和精神损害抚慰金8万元。自媒体从宪法上来看是个人言论自由权的延伸，但是，作为一种权利，自媒体当然有很多的界限是不能突破的，它不能超越法律法规发表不负责任引起社会恐慌的言论，更不能颠倒黑白诽谤他人。

## 三、自媒体内容“浅”“糙”及“同质化”

“人人都是自媒体”这是蓝鲸旗下浑水自媒体平台的口号，的确，开通一个自媒体比新办一份报纸、一个电视台时间成本和金钱成本要低得多，这使得“人人都是自媒体”在理论上是行得通的。然后，随着自媒体数量越来越多，“自媒体太多了，人人都做自媒体，到底听谁的”又成为目前对自媒体发展持怀疑态度者最多的一个说辞。自媒体目前的弊病不在于数量过多，而在于大量自媒体内容的浅薄、粗糙和同质化，缺乏深度和权威的内容很难获得用户的认可。

### （一）内容浅薄

优质且富有个性化的内容一直以来都是自媒体吸引受众的魅力所在，然而无门槛的进入方式使得自媒体市场充斥着泛滥成灾的劣质内容，且大有“劣币驱逐良币”之势。自媒体人不像职业的记者拥有采访权，能够在第一时间、第一现场获取事实资料，他们通常只是根据网络上的一些线索性的文字就开始发挥创作，这样缺乏事实支撑的内容不但漏洞百出，而且非常浅薄。除了对事实缺乏掌握造成的浅薄外，专业素养也是制约自媒体内容的一个因素，根据新媒体指数平台 4 331 个自媒体账号认证信息数据统计显示，目前 55％的自媒体未经认证，草根群体占据大多数，在认证的自媒体中，75％为个人认证，企业及组织机构认证仅占 25％。仅以财经类自媒体为例，目前较有影响力的财经公众号有相当一部分来源于非财经传媒行业者，这些人员对整个金融市场动态的把握、行业的理解，与资深财经专业人士相比是浅薄的，对于财经领域，如果没有对于这一行业深入的了解感悟，想写出真正有深度的内容是不可能的，而财经自媒体内容大多出自这些非专业人士，其内容浅薄可见一斑。

### （二）制作粗糙

随手翻看一份资深财经人士写的纸媒文章，其行文逻辑、词语用法等诸多方面是相当考究的，有深度的媒体通常都会有多重审稿流程，保证了出现在读者面前的内容是有品质保证的，这也是为什么很多对内容品质有较高需求的受众更加倾向于传统纸媒的原因。而自媒体的文章常常在一些基本的理论上都会出现错误，错别字、语病更是屡见不鲜，除去自身局限（没有受过专业的采编培训、缺乏专业经验）外，受众定位的差异、审核流程的缺失也是重要的原因。自媒体运营者大多没有传统媒体工作经历，对于内容的排版、美工、校稿等基本制作流程缺乏认识，使得只注重内容，不注重形式的传播模式充斥于自媒体市场。电子化的传播载体也是造成制作粗糙的另一个原因，众所周知，移动智能终端虽然便利了受众获取信息，但是也造成了碎片化的阅读方式，受众注意力本身对于内容关注就比较分散，就更加难以对制作水平有更多的要求。正是由于需求的动力不足，使得作为内容供给的自媒体也不再注重对于制作水平有更多的提高，很多时候一篇文章段落不做区分的就会出现在受众面前，更何况对于编排的美感有更多的追求。

### （三）话题同质化

这一点目前最为明显。今天是人人都是自媒体的时代，人人都是媒体，人人都有说话权这是非常好的发展趋势，但是正因如此，一个热点事件出来，去新闻客户端上打开一看，全是对于这个事件的有关报道，虽然说是内容为王，但是内容要是都一样了，既增加了受众选择成本，也变得索然无味了。同质化不仅在于对热点事件的共同关注，更在于行文风格、观点、思路的近似。对国内政治热点、经济热点、娱乐热点“指点江山”几乎成了所有自媒体热衷的一个方向，问题是这些自媒体人大多没有深厚的行业阅历，属于“外行看热闹”的类型，一个热点出来，自媒体一拥而上，虽然能够给受众造成视觉冲击，但是受众却患上了“选择困难症”，因为看哪个自媒体的文章似乎难以抉择，自媒体不再“自”，而变成了“同”，选择哪一个都似乎没有什么区别。

# 第四节　自媒体平台运营的未来走向

## 一、自媒体运营典型问题解决策略

### （一）鼓励原创

目前虽然各大自媒体平台极力倡导原创内容的生产，但是内容抄袭依然占相当的比例，根据新媒体指数平台监测 2015 年 1—10 月共 13 469 篇阅读数 10 万以上文章显示，96%的文章没有原创标识，目前很多自媒体人原创保护及认证意识不足。2016 年 1 月 11 日，腾讯公司高级执行副总裁、微信事业群总裁张小龙在微信公开课 PRO 版与参会者共同探讨原创内容的发展，在这次以原创为主题的论坛上，微信团队对公众平台原创的功能和规则进行了详细的介绍：表现良好的公众号将获得赞赏功能，而抄袭或者擅自使用原创功能的账号将得到不同天数封禁原创或赞赏功能的处罚。2015 年 2 月原创标识刚刚推出，当时只有 28 个自媒体满足条件，而截止到 2016 年 1 月，已有 18 万个自媒体拿到了原创标识，随着原创保护的不断深入，自媒体的生态宜居发生变化，每个月抄袭量级已经在逐月递减。

为了加大对原创的保护，微信又推出了评论可见功能，只有获得原创标识的自媒体评论区才是公开可见的，这样就使得原创自媒体在交互性上优越于非原创自媒体，而交互性是自媒体一个显著特点，随着时间的推移具备原创能力的自媒体势必会越来越受到关注。同样的内容在原创自媒体发布和在非原创自媒体发布效果有很大差别，蓝鲸传媒旗下的浑水自媒体是专注于移动广告分发的平台，目前业务主要是互联网金融业务推广，经过大量数据分析发现，绝大多数用户不仅关心看到什么，而且也关心内容是否是原创，用户普遍认为原创的内容可信度高于非原创内容，这对于运营者来说是非常重要的启示。同等量级的公众号，坚持原创的阅读量可能并不突出，但带来的用户数却要比非原创的公众号多得多，活跃度也高得多。原创公众号更有公信力，更有黏着度，用户也更信赖他们的推荐和品位。以“花边阅读”为例，因为长期坚持 UGC，用户黏性很高，即使在自媒体上发布商业广告，用户也不会有很强的排斥感，甚至有很多用户主动转发广告，他们认为适当的广告可以让自媒体人有尊严地继续原创创作，有了这种信赖，尤其是垂直于某一个特定行业和用户群的自媒体，不管是传达理念还是变现都是理所当然的事。

### （二）多方努力遏制侵权

自媒体由于缺乏严格的把关机制，在信息搜集、整理、发布整个过程都很难保持去伪存真的态度，有一些自媒体甚至为了博取更多的关注，故意编制一些耸人听闻的标题。遏制侵权之风，净化自媒体生态环境是一个系统的问题，需要各方共同的努力，可以从以下几个层面进行尝试。

**1. 政策法规**

2015 年 2 月，国家互联网信息办公室发布了《互联网用户账号名称管理规定》，对机构和个人的账号名称、头像、简介等注册信息进行了明确规范，要求账号相关信息不得出现危害国家安全、破坏国家宗教政策等违法、违规不良信息，并要求即时通信工具服务提供者配备专门人员来进行审核落实，被称之为“账号十条”。2015 年 12 月，为贯彻落实党的十八届三中、四中全会和《国务院关于大力发展电子商务加快培育经济新动力的意见》《国务院关于促进市场公平竞争维护市场正常秩序的若干意见》等文件精神，《工商总局发布关于加强网络市场监管的意见》发布。这些已有的相关政策法规作为顶层设计对自媒体生态健康发展意义重大，但是自媒体发展速度明显快于法律更新的速度，这在一定程度上给侵权行为提供了“时间差”的便利条件，为此在制定法律时应当具有更加长远的规划，出台一些框架性强、灵活性高的条款以便可以应对更多的侵权场景。

2. 平台层面

无论是新浪还是腾讯都是规模相当大的互联网公司，在技术和经验上都有深厚的积淀，打击侵权行为需要平台方提供更多的支持。平台方的作用不是提供一个无约束自由发布信息的载体，而是一个提供一个良性的传播生态系统，既然是一个生态系统就应该有相应的生存发展规则，有正常的自我净化能力，这需要平台方出台相应的规范文件引导自媒体发展，在制度上制定一些奖惩机制和投诉机制，同时也需要在技术方面建立纠错机制，使得侵权行为能够在没有大规模扩散前得到遏制。

3. 自律组织

目前，国内已经有数家自媒体行业组织，比较著名的有熊猫自媒体联盟、wemedia，newmedia、犀牛联盟，这些自媒体自律组织对行业生态优化起到了关键作用，除了为自媒体提供资源交换，实现深度商业合作，自组织还可以在行业自律、主题培训、监督管理方面作出努力，减少侵权行为发生。

## （三）培养高素质运营者

与“同质化”相呼应的，是自媒体目标群体上的“千军万马过独木桥”，因此适当的分流和分层就显得异常重要。分流是指从传播主体上做分割，以汽车类自媒体为例，除去整车品牌传播外，汽车零部件、养护维修、汽车文化、汽车改装、二手车置换等都期待优秀的自媒体出现，这种主体上的分流使得同质化现象可以得到有效解决。至于分层则是以受众圈子的不同而言的。简单地说，就是那些知识性、专业性较强的自媒体不在乎用户量的多少，而更在意关注者层次的高低，用户也不在乎自媒体阅读量如何（至少不是最重要的考量），而在于其所提供的意见水平怎样，这种做法也可以在很大程度上避免内容的同质化。要做到分流和分层，培养具有高素质的运营者是关键。

自 2012 年 8 月 18 日开通微信公众平台以来，一大批草根自媒体涌入进来，他们内容混杂且多为抄袭，运营方式也较粗糙，但是由于进入时间较早已经形成了较为稳定的受众群，依靠这些早期积累的粉丝，草根自媒体也尝到了变现的甜头，然而随着自媒体发展进入到成熟期后，草根自媒体缺乏专业运营能力的缺点开始暴露出来，大量的同质化内容使得草根自媒体渐渐失去了变现的潜力。

市场营销学中有一个经典理论——产品生命周期，产品生命周期理论认为产品如同人的生命一样，由诞生、成长到成熟，最终走向衰亡，产品在诞生和成长阶段可以依靠创新带给受众新颖的体验，但是随着进入成熟阶段后，专业化运营开始变得更加重要，如何扩展销售渠道，提高品牌曝光度，如何由单一模式变现进化到规模化变现，这些都需要有专业化的运营团队来实现。和传统媒体那种流水作业，专业化分工的内容生产模式不同，自媒体需要运营者既能做到专业，也要足够全能。目前自媒体已经聚合记者、写手、编辑、数据科学家、算法工程师、UI 设计师等多种类型人才，这些人才通过项目式、探索式、咨询式、公司式等不同合作方式，打造了别具一格的自媒体创新成果。自媒体需要形成开放性的组织，不断注入新鲜活力，沉淀有价值的媒体数据、思维、模式、资源，打造高质量自媒体人才团队。

## 二、自媒体内容创业模式的未来走向

2016 年年初，新榜的“内容创业之春”大会的召开预示着 2016 年将会是内容创业的元年，将会有一大批自媒体开始寻求内容 IP 化，未来的自媒体市场将会更加垂直下沉，“小而美”的自媒体开始渐渐取代“大而全”的自媒体成为主角。基于自媒体内容创业当下的现状，结合自媒体本身的特点以及用户信息需求的变化，对未来内容创业的几个方向做一些分析。

### （一）时间即生意

未来所有的生意都可以定义为时间的生意，进入移动互联网时代后，人们每时每刻都在接受信息，上网浏览网页、收发邮件、发送消息不用像过去那样坐在电脑旁，一部手机或一个 ipad，走到哪里看到哪里。正是由于技术的进步使得内容供给的丰富与多样性和用户时间的稀缺性的矛盾已经充分暴露，为用户节省时间，提供优质内容，将成为企业未来的绝对竞争力，所以从这个角度来看，内容创业可以着眼于让用户以最少的时间获取想要的内容，这种以内容传播为用户提供时间解决方案的内容创业模式将是重要方向。

### （二）内容即入口

内容运营能力将决定移动互联网时代的流量带宽。在移动互联时代，几乎所有的流量都来自内容入口，这也就预示着一个内容即流量的时代已经呼啸而来，但是，如今的商业时代已经从注意力经济向影响力经济转变了，也就是说被简单关注和消费的垃圾流量将不再具有高附加商业价值，只有可以兑现和实现交易意愿的影响力内容，才能成为真正的入口。如今很多文摘类的自商业生态已经是绝对的红海，这一类内容创业者的价值红利的耗散接近尾声，而且无论多少粉丝，如果价值增值和兑现能力弱又不能上市置换估值，他们的价值置换窗口期很快就会消失，因此，现在的内容创业更多的应该关注流量的质量和转化潜力而不是数量的多少。

### （三）阅读即场景、场景即交易

阅读是塑造消费场景的最佳利器。所有的新场景都是在阅读的前提下产生的，很多人认为场景的对应的是Scene，实际上场景的真正意义是Context，场景并不是一个场所和一个时空的简单组合，而是用户消费意愿的上下文关系，就是有可能产生消费意愿的背景。自媒体在推送内容给用户的时候其实也是在为用户搭建一个消费场景，使其进入基于阅读以及视听诱导而产生的场景完成交易。比如说，垂直于女性护肤类的自媒体推送一篇有关皮肤老化相关的内容给用户，当用户阅读时自然会进入想要对抗皮肤老化的场景中，此时内容中再给出解决方案，可以是免费的，也可以是付费的，无论如何一旦引导用户进入内容所营造的场景中，交易实现将变得更有效率。

### （四）开放即封闭、封闭即开放

垄断是商业的天性。过去媒体希望获得尽可能多的受众群，为此也想尽办法降低受众获取信息的成本，使信息到达受众的通道变得毫无门槛，这种对所有受众开放的模式虽然能够带来巨大的流量，但是由于针对性不强，流量变现和转化变得异常困难，后来开始媒体专业化、细分化尝试但终究摆脱不了大流量的诱惑，仍然是一种进入门槛很低的状态。而自媒体市场更加细分和垂直，针对性很强，很多开始走“小而美”的封闭传播路线，比如最近非常火的自媒体“十点读书”，自媒体准时于晚上10点推送一篇文章给订阅用户，内容主要是一些经过精挑细选的名家名作，受众群主要是一些对文艺有所追求并且习惯睡前阅读的人。“十点读书”虽然用户群体数量并不大，但是由于针对性强，用户黏性度高，一旦养成晚上10点阅读“十点读书”内容的习惯就很难改变。“十点读书”没有采取那种为获得大用户群体的开放方式而是选择迎合少部分读者的阅读习惯和阅读心理的封闭方式，2015年8月资本市场给出了300万的投资认可了这种方式。

在自媒体市场开发模式往往不如封闭模式来的效果好，这一点类似于移动操作系统市场的格局，拥有85%的市场占有率的有着开放之称的安卓系统整体利润却刚刚和拥有15%市场占有率的有着封闭之称的IOS系统整体利润并驾齐驱。其内在逻辑只要是开放导致进入门槛变低，整个市场趋于红海，利润率存活率很低，而封闭使得进入门槛变高，一旦运营成熟很容易形成垄断竞争优势，而垄断可以创造超额利润。

## 三、自媒体商业模式的未来走向

著名自媒体papi酱拍出一个广告位价值2 000多万，这不仅震惊了传媒界，而且也带给人们对于自媒体商业模式走向的无限遐想，究竟自媒体能怎么玩，如何最大化自媒体价值，根据当前自媒体运营采取的一些方式结合互联网技术最近的变革作出了几点预测。

### （一）自商业

自商业层面需要跳脱平台依赖，创新商业模式，目前自媒体商业大体可以分为两种类型：第一类是直接利用媒体属性来赚钱，就是广告和付费；第二类是通过自媒体来获得知名度和影响力，然后再用其他方式来变现，这也就超越了自媒体的范畴，而是一种“自商业”了。“自商业”一词最早是由国内著名自媒体虎嗅网作者“脱不花妹妹”提出，她认为随着自媒体的出现，会催生出一种需要个人而非组织满足市场需求的商业模式，因为个人提供的产品更具有特性，能够满足追求极致差异化的用户需求，而这种商业需要自媒体这种平台来实现。自媒体和自商业，其实就是一体两面。自媒体做好了，可以做自商业。而自商业所依托的，则是自媒体的影响力。那自商业和个体户有什么区别呢？本质上他们是一样的，只是自商业带有一些高科技的味道，是利用微博、微信、网络这些先进的技术连接个体户和用户，它在时间和空间上的自由度比普通个体户更大。

### （二）自服务

自服务则需要将个性化信息服务凸显，打通产业链，渗透行业民生，摆脱纯媒体属性，打造“服务化”的自媒体。微信公众号中的服务号其实已的事情都可以在服务号上完成，免去了一些时间成本。政府和企业越来越转向把内容营销与服务营销相结合。特别是随着微信支付公布了“微信智慧生态”全行业解决方案后，以微信服务号＋微信支付为基础，传统行业正在把原有的商业模式“移植”到微信平台上。企业双微的服务化转型渐成趋势，实现了线下商业模式的线上仿真升级。现在用手机在万达影院公众号买了票之后，不需要取票就可直接拿手机刷机进影院了。中山大学将自服务在校园进行了尝试，学校以校园卡为切入点，通过公众号就能实现学籍管理、生活消费、身份认证、网上缴费等多种功能，提升了校园信息化管理水平。在快递方面，顺丰通过智慧快递解决方案，把信息流、资金流、物流全部打通，通过微信公众号迅速下单、预约上门取件、微信快捷支付，实现了客户的电子化、自助化、无纸化、免找零等全流程服务体验，客户只要通过一个单点就能完成所有的流程。这些场景都是自服务的简单体现，随着技术手段的不断进步，自媒体中进行自服务将变得更加无缝和自然。

### （三）自品牌

自品牌，顾名思义就是自己创建经营的品牌，与传统概念上的品牌不同，自品牌其实是一个泛概念，如同王泽邦做的凉茶大家都认为效果很好一样，“王老吉”无形中就成了一个自品牌，一提到凉茶，人们就能想到王老吉。在自媒体时代，自媒体的特征无形中造就了自品牌的出现与传播。信息来源的平民化让不少产品通过自媒体被传播出去；自媒体参与门槛的降低让产品够获得更多传播渠道，同时自媒体如同病毒一般的蔓延方式让产品获得更广泛的传播。在传播量达到一定临界点时，人们意识中已经形成对某种产品、服务的反应，这时这种产品、服务等就变成了自品牌。如同在摄影圈中，张三拍的照片好看，在经过广泛传播后，人们脑中已经形成一种反射，一提到好看的照片就能想到张三，所以“张三”就成了代表他自己的自品牌。随着自媒体的发展，已经有越来越多的产品被宣传出去，逐渐形成“自品牌”。例如培训行业中，每个教师都可以成为自品牌。他们在教学中脱颖而出，受到家长、学生的广泛认可，教师的名字无形中就成为可一个品牌名称。他们的教学就是这个品牌的产品。在教师自品牌的建立与广泛传播后，会让学生和家长形成一个无意识的反映，一提到某某老师就等同于优秀的教学质量。自品牌是自媒体运营进入的高级阶段，随着商业和服务逐渐成熟，品牌策略加码，品牌效益凸显，此时自媒体已经具备成为商业母体的条件，可以更多地孵化同产业或跨专业的字体，形成具有统一逻辑的商业集群。

# 第四章　社群经济时代微博平台的营销策略

随着互联网技术的高速发展，媒介的形态和种类发生了巨大的变化。微博以小博大的特点受到企业的重视，吸引更多企业发现微博作为营销平台的商机和潜力。在我国，尽管很多企业的微博营销取得了良好的成效。但整体而言，我国微博营销的实践和理论研究尚不成熟，还有很大的潜力亟须挖掘。本章分为微博引发的营销革命和社群经济时代微博社群营销的策略两部分。主要内容包括：新浪微博平台及其特点、新浪微博网红营销方式、新浪微博营销的优势等方面。

## 第一节　微博引发的营销革命

### 一、微博平台及其特点

新浪微博为网红营销提供了一个富媒体支撑的平台，富媒体即是 Rich Media 的英文直译，是指具有动画、声音、视频等交互性的信息传播方法。新浪微博最早是一个以发布文字内容为主的网络社交平台，每条博文的发布有140字的字数限制。随着富媒体的发展和用户需求的不断增长，目前新浪微博已放开对博文的字数限制，并发展成为集文字、图片、视频等多元素为一体的富媒体信息发布平台。可以看出，利用多种元素更好更直观的表现思想是新浪微博平台用户良好沟通的基础和方式。

新浪微博的定位是“涵盖最全面的娱乐明星与资讯、反映网民现实生活的点点滴滴、分享发现人们身边的趣闻轶事”，体现了自媒体时代下个人的自由表达和个性体现，同时定位了其生活化、娱乐化的性质。而新浪微博的宣传语“随时随地发现新鲜事”可以看出，信息交流的即时性和高效性也是微博的亮点和优势。新浪微博自身的主要特点有以下四点。

## （一）个性化

自媒体时代下，每个人都强调自身的与众不同，这可以从五花八门的头像和用户名中体现。使用过新浪微博的用户都会发现，新浪微博强调用户的个人价值和个性特点。在新浪微博上，用户不仅可以随时更改、自由选择自己喜欢的头像、用户名，还可以自定义自己喜爱的背景、版面和音乐。而平时遥不可及的明星也可以在新浪微博上自由的关注，随时查看明星的生活动态及点点滴滴，可以在喜爱的明星微博下面自由留言，让用户有了和明星互动的机会和渠道。这也是网红诞生和发展的重要手段。微博用户依托这样的自媒体环境，不断地吸引粉丝，增强自身关注度和粉丝量，最终成为知名网红。新浪微博还有认证功能，自媒体认证成功后是橙 V，在自媒体认证通过后，如果达到下一阶段认证要求，还可以申请认证为红 V，而企业也有蓝 V 认证功能。

这样对自媒体进行了区分，突出了自媒体的不同和个性，所以每个新浪微博用户都是独立的，不一样的。

## （二）简便化

在接入形式方面，新浪微博目前已有的网页版、视频网站、APP 客户端等多种接入形式，已经可以满足电脑、智能手机、平板电脑等设备的使用需求，让所有的用户都可以根据需求自由选择，保证用户随时随地接收和发布信息。在具体的操作方面，微博的界面和使用按钮设置都非常的清晰明了，让用户易于上手。发布界面的功能也十分方便，可以发布的内容除文字以外，还有表情、图片、头条文章等可添加的内容，只需点击发布按钮，即可完成博文的发布。

另外，不论是在其他网站上看到的喜欢的图片、视频，还是微博中其他用户的博文等，都可以通过分享功能，一键分享到自己的新浪微博中。这些操作都让新浪微博的使用变得十分方便快捷，让所有用户都可以按照自己的喜好和心情发布博文，随时随地通过微博来表达和展示。

## （三）私密化

随着互联网科技的高速发展，许多的个人信息不再是秘密，如微信、QQ 等社交平台已经能够通过电话号码来找到用户，而曾经竞争强劲的腾讯微博与新浪微博最大的区别也在于，腾讯微博因为其公司掌握的用户信息较多，常常会自主为用户推荐“熟人”，这让许多希望有一个私人空间的用户不厌其烦，而新浪微博不会主动为用户推荐可能在现实生活中认识的人，并且在搜索功能中也不能通过个人手机号码搜索到用户，保障了用户个人信息的私密性，给用户营造了一个较为私人的微博环境。从新浪微博用户的发布内容上看，大部分博文内容都是生活感慨及个人动态。用户可以在法律许可范围内任意发表自己的看法，表达内心的真实情感，关注自己喜欢的用户，而不需要顾忌别人的看法和眼光，让所有用户都能在满足信息需求的同时也体现个人价值。

正是由于新浪微博的私密性，使得用户在微博上可以发现更多志同道合的用户，比如用户是某明星的粉丝，那么他既可以关注该明星的微博，了解他的动态，也可以在该明星的博文下面评论、转发、点赞，实现自己和明星的在线互动，此外，他也可以在评论中找到和他观点一致的用户，还可以通过这样找到粉丝后援会及更多和他志趣相投、三观吻合的用户。让用户可以在新浪微博更加轻松自由的表达自我，而不需要顾忌现实生活中旁人的看法。

## （四）功能化

新浪微博强大的功能为网红的成功提供了平台，也为用户提供了一个很好的获取信息、传播信息、讨论信息的平台。用户不仅可以在微博上实现即时表达，还可以对感兴趣的事件及热门事件进行持续关注，如王宝强前经纪人被抓事件，莎普爱思滴眼液虚假宣传事件，乐天事件等。事件发生之后，相关的爆料信息发布出来引起高度关注，一般来说，从传统媒体的角度，后续发展很难实时关注到，而微博的热门话题栏目可以让用户即时关注事件一点一滴的进展，还可以与事件的微博发布者进行评论、私信沟通直接了解情况。同时，因为微博上信息共享的特性，受到广泛关注的事件往往一波三折，不停出现反转局面，让用户对热门事件和话题有了追踪到底的兴趣，这也使得很多问题通过微博发酵达到让某个用户出名的结果。除了热门话题功能，微博置顶、头条文章、亚洲好书榜、音乐榜、特别关注、使用习惯、搜索等功能也为用户提供了更多元化的选择和偏好性设置。可以说为用户提供了一个很好表达和互相沟通的平台。

可以看出，新浪微博富媒体立体化的形式，即时互动及双向沟通等特点，让该平台拥有了众多的用户，截至2020年，新浪微博月活跃人数已达5.23亿。给网红营销带来了巨大的经济利用价值。新浪微博的功能也越来越细分和垂直化。随着大数据技术的普及，新浪微博通过对用户数据的分析，可以个性化地推送用户感兴趣的内容，而网红也可以利用这种大数据分析的结果精准营销，挖掘更有潜力的消费用户。

## 二、微博营销的概念

微博营销，是企业综合利用微博平台，进行企业文化宣传、市场信息收集、产品促销推广、潜在客户互动等活动，最终达到获得销售收入、提升品牌影响、监测网络舆情等作用的过程。对于网络综艺来说，其微博营销更接近于宣传和传播，其营销的主体是网络视频企业，营销对象是作为文化产品的综艺节目，营销的目的是提升节目知名度和提高点击率。相比于传统的营销方式，微博营销具有热点强聚合、营销成本低、基于社交关系链传播、大数据监控市场等优势特性；微博拥有相当可观的流量，任何一个话题或是大事件的爆发都能在社会化媒体上迅速形成聚合效应，再以层级传播的形式逐级迅速地扩散，传播量呈几何放大，通过在微博进行话题营销，往往能在短时间内带来巨大的关注；微博营销能有效降低企业营销成本，企业发布微博和维护用户关系是零门槛与零成本的，此外，比如信息流广告等营销产品，能够对用户行为进行监测，并通过用户的场景、客户阶段、自然属性等标签进行精准营销，大大提高了营销效率；微博作为社会化媒体，是基于社交关系链进行传播的，营销的内容触发后，击中关系链中的任意一点，都能作为传播的开端，这个开端可以是单点也可以是面状，如果是多点同时传播，这样矩阵的叠加效应将会更明显。大数据时代，营销效果得以测量与量化，便于企业进行效果反馈和计划部署，企业还可以通过微博提供的数据来把握舆情动态，及时了解用户对产品、营销及对品牌的态度，甚至做到提前预警公关危机。一般来说，微博营销效果是通过话题量、热搜次数、转发量、微博数等 KPI 进行综合评估，但是由于效果评估标准不统一，且微博存在数据造假等问题，让微博营销的效果评估变得困难。

## 三、微博营销的方式

新浪微博网红营销的方式主要包括软文营销、视频营销、话题营销和服务营销。

### （一）软文营销

软文可以理解为文案工作人员负责撰写的“文字广告”，一般在传统媒体和网络媒体等宣传载体上刊登，主要是为了扩大宣传面，提升品牌形象和知名度。软文因为文案的策划不同于硬广告的直接，相比之下更突出人情味、故事性和趣味性，使得用户及潜在消费者更容易接受该类广告，所以许多的网红靠着软文成功地吸引了大量的粉丝，从而在淘宝上取得了成功，实现了网红的商业化变现。而软文的种类也多种多样，下面来具体分析几种常见的软文表现类型，这也是网红营销的常见手段。

**1. 设身处地型**

这种类型的网红营销主打情感牌，往往会给用户一种贴心的感觉。这类网红一般都已经拥有一家淘宝店铺，其营销策略和手段也完全围绕着网红产品开展。如在描述其产品时，字里行间都站在消费者的角度考虑问题，从描述产品的选料、生产、改进，全都是以消费者的切实需要和感受为主，这种软文很容易让消费者产生信任感和认同感，从而由一个网红粉丝转化为消费用户。

新浪微博的知名博主“@葡萄 -Lee”拥有 101 余万粉丝，在淘宝经营了一家鞋店，其博文主要有内容简洁、表达口语化及图片丰富的特点。根据分析，@葡萄 -Lee 2017 年 12 月共发布博文 312 条，日均发布 10 条。所发博文中转发他人博文 193 条，原创微博 119 条。转发的博文多为买家秀，原创的博文主要以商品信息为主。

@葡萄 -Lee 通过对消费用户原博文的转发，一方面让更多的人看到该产品，并通过买家秀更为直观地了解该产品。另一方面这种“翻牌子”也让买家感到自己受到重视，得到心理的满足。翻牌子原意是指古时皇帝选择妃子与其同房的一个方法和程序，而在微博的使用中，则指网红对其粉丝的留言进行了回复，或网红对 @ 他的自媒体用户作出了回应、转发等的行为。大部分的粉丝关注网红在于对网红某一方面的信任和欣赏，而被网红翻牌子则让粉丝有了和网红更为亲密互动的关系，区别于大部分无法与网红互动的粉丝，让被翻牌子的粉丝产生心理优越感，同时这些被翻牌子的粉丝也会为此更加信任该网红及其品牌的商品，由一个普通的粉丝变成“铁粉”，也就是铁杆粉丝，俗称死忠粉，顾名思义就是对所追的明星或相关事物有特别的执念。利用这样的形式增加忠实粉丝，可以加强用户黏性，挖掘潜在用户。

根据分析 @葡萄 -Lee 在 2020 年 10 月发布的 618 条原创微博可以看到，其中 306 条博文关于对鞋子的选料、打版和改进；60 条博文关于自己的生活；174 条博文关于店铺的上新优惠活动，一般都会有类似“喜欢的宝宝点赞抽 2 位送”的说明，所以该类博文的点赞数、转发量和评论数都相对较高，部分博文的点赞数突破 2 万，大大增加了博文的热度和宣传度；还有 78 条博文主要是其自己试穿产品的秀图和整体搭配图，突出商品美感，加强消费者购买欲望。其对每种情况都有不同的表达和互动形式，在需要大家积极出谋划策时，利用评论充分调动用户积极性，让用户都可以自由的表达看法，提出自己的意见；在需要为上新预热的时候，通过送代金券或商品的形式，让用户自觉点赞，积极参与相关活动；在需要增加潜在客户时，也是通过抽奖等形式，鼓励用户积极转发，扩大博文阅读范围，吸引更多的消费用户。

这不是个例，拥有大量粉丝的网红都在电商平台经营店铺，从博文内容上看，因为产品风格定位和网红自身定位的不同，所以博文内容不尽相同，但主要的文案模式和营销方式却是大同小异的，都是站在消费用户的角度考虑产品问题，让消费用户随时了解制作进程，有充分话语权参与商品改进的互动模式。让粉丝在互动过程中自愿接受和信任网红及其品牌，从而实现网红的商业化变现。

2. 理想生活型

新浪微博作为一个社交互动平台，确实让人与人的沟通更加的简单便捷，但是从另一方面来说，也让人越来越远，所有的用户都隔着屏幕，无法探究其本质模样。在这样的环境中，有这样的一类网红，她们生活的精致、自在、美好，就如同很多人想要的生活状态那样，可以说是大家的理想生活类型，而这一类网红的营销方式就是借助微博平台不断的突出和放大这种生活状态。从而吸引同样向往这类生活状态的粉丝，最终让粉丝信任其产品能够让自身变得和网红一样拥有理想中的状态。

我们通过对比三个相同类型的网红来具体分析一下这种营销的表现形式。所选的三个网红分别是拥有 1187 余万粉丝的自媒体网红“@林小宅”，在新浪微博上的认证是“向日宅物创始人”，淘宝店铺拥有 194 余万粉丝；拥有 5 万多粉丝的工作室网红“@鹿与飞鸟”，淘宝店铺拥有 266 余万粉丝；以及拥有 3 万多粉丝的“@步履不停 STILLWALKING”，其新浪微博认证为“杭州陌迹贸易有限公司”，淘宝店铺拥有 199 余万粉丝。

首先，头像和背景简单明了，凸显产品理念。从上面三个网红头像来看，@步履不停 STILLWALKING 的头像简洁明了，以偷看酒坛的猫作为背景图片，贴近生活的同时又带着一丝趣味；@鹿与飞鸟的头像在设计上中和了鹿角和飞鸟的特征，简单的黑白两色看上去醒目又文艺，背景则选择了沙滩和白色的矮房，看起来同样的舒适自在；而@林小宅选择了面向阳光的微笑女生作为头像，背景配以蓝天白云和鲜花朵朵，整体看起来明媚又和谐。从这三个头像可以看出整体风格干净清新，让用户心情愉悦容易接纳。这也是与他们的产品传递的理念相一致的。

其次，经营理念都积极向上。从三家的理念不难看出，不管是文艺范儿，还是活泼青春，突出的中心思想都是享受生活的乐趣和好心情。而这些理念和他们微博头像中体现出来的一致，保持了整体的和谐统一。最后从文案内容来看。通过新浪微博营销，最主要的还是通过博文内容来吸引粉丝。

@步履不停STILLWALKING和@鹿与飞鸟都有多样的话题，文字方面前者以文艺、抒情为主，后者则是以励志、向上为主。@林小宅-的文字风格则如同其头像一样，阳光活力。三者在图片方面一般都选择9宫格图，这也是微博一次性可以发布的最多数量的图片，看上去内容丰富，整体感觉都以简洁统一，色调柔和为主，选用的风格多偏日式。可以看出来，三个网红的博文主要集中在个人生活方面，不论是诗意的每日解读，还是生活中的小技巧分享，再到每日的穿衣搭配，给大家传达的都是一种生活理念，而不会将重心在自己的产品推销上。消费用户首先是对网红的生活状态的肯定及服饰搭配的认可，从而演变成为对其产品的渴望，这种激发购买欲的渴望实质上还是对网红在其微博上营造出来的生活理念和状态的一种向往。

**3. 段子型**

段子也就是一段故事或笑话的简称，段子十分适用于新浪微博平台，让用户读起来轻松愉快易于理解，同时兼具趣味性和故事性。利用段子进行网络营销的网红中，最为突出和成功的网红当属薛之谦。薛之谦作为歌手曾经凭借“认真的雪”这首歌火过一段时间，而让他在近几年爆火的还是他的“网红段子手”身份。目前他已经是拥有3 836余万粉丝的明星网红，薛之谦在作为歌手的沉寂期，经常在微博上发长微博。长微博的起源主要是因为原来微博有140字的字数限制，所以超过这个字数的微博需要转化成长微博图片的形式，也叫长微博，当字数限制放开后，虽然可以一次性发布较长文字的微博，不需要制作成长微博图片，但这类字数较长的微博依然被用户称为长微博。

软文类型的网红营销主要依托微博平台进行互动，通过丰富的图文和定位明确的表述形式进行宣传和引导，吸引数量可观的粉丝数实现对潜在用户的挖掘。淘宝给了新浪微博网红一个很好的商业变现平台，同时也是与软文营销类网红十分契合的一个平台，淘宝推出的红人店就是指新浪微博上经过认证的网红在淘宝上经营的店铺。红人店要求网红的新浪微博内容需体现红人的个性，发布的博文内容要与红人日常生活等相关。这正是与网红的软文营销手段十分吻合的。微博和淘宝平台的深度打通，为网红的电商成交扫清了障碍，是网红能够承接上亿成交的技术支撑。这也使新浪微博上网红营销策略对网红店商的成功起到直接的积极影响和促进作用。

4. 娱乐分享型

新浪微博上有一类网红，他们不推销自身产品，而是在某一领域建立一定知名度，比如美妆、服装穿搭、美食、游戏等方面。通过发布微博表达自己对某一类事物的看法，并分享个人觉得好的东西给粉丝。这类网红的营销手段主要是吸引粉丝，拥有足够庞大的粉丝群，并发布其擅长领域的相关品牌广告获取利益，实现其商业化变现。具体可以从知名美食博主“@零食少女”、知名电影博主“@可可不剧荒”和快看漫画 App 创始人、漫画作者、微博签约自媒体“@伟大的安妮”的营销过程来看。

（1）@零食少女

@零食少女被新浪微博认证为知名美食博主，拥有 700 余万粉丝，2016 年 1 月 30 日在新浪微博上注册，2016 年 5 月 13 日发布第一条微博，内容为“对于好看又好吃的零食，有哪些颜值高的撩妹零食值得推荐呢”，可见其运营该微博时候的定位就是美食介绍和推荐。短短 5 年不到，她已经成长为粉丝过百万的知名网红。

分析@零食少女发布的博文发布内容可以看到，在她发布了第一条微博后，随后的博文主要的内容都以同类话题为主，主要是介绍各地的美食，如东京美食最强攻略、星巴克夏日新品最强测评、安利广州 8 家不能不去的金牌茶餐厅、那些让人吃过一次就忘不掉的私房手工小吃铺等，通过盘点和测评各地美食，让她开博短短两周就累积了 22 万粉丝。同时为了增加阅读用户及粉丝，她不定期选择发布话题#少女 0 福利帖#举行抽奖活动，活动参与方式简单，只需要关注她的微博账号，并转发指定的博文，即可参与抽奖，这样的活动不仅能扩大其微博阅读群体、增加粉丝量，还能与粉丝进行良好的互动沟通，提高互动力。

从@零食少女的博文文字风格来看，如“我的天辣这个酸奶简直好喝得吓屎我了……天润牌的，你们喝过没有？哪里是酸奶！根本就和冰淇淋一样！”“咬一口蓬松的棉花糖，惊喜地吃到浓郁紫葡萄果味，绝对和这个冰天雪地的世界配一脸的美味好吗？”等表述，用夸张的形容方式、较多的语助词和感叹号来表达感情的强烈，同时其口语化的言语和穿插使用的疑问句，都像是一个熟络的朋友在面对面地聊天，为你推荐一款她觉得非常棒的美食。这种表达让阅读的人很有互动感和代入感，容易接受她的观点。

从 @ 零食少女的营销方式来看，由于她一开始推荐的就是美食，这就让众多吃货对她推荐的店铺、品牌趋之若鹜。这也为她实现商业化变现提供了更多的方式。因为其微博粉丝众多，她发布的博文中涉及的品牌销量都有相应的增长，而许多未在微博中提及的品牌，也会有许多粉丝在评论中进行询问。这也吸引了许多企业专门找她来发布广告博文，提高品牌知名度，@ 零食少女则通过广告费实现商业化变现，如“天弘基金竟然进我司送来了 2016 最后一盆土，还传授了 # 用薪理财，涨工资 # 的秘诀”“每天都给你萌安利吃吃吃，怎么才能边吃边美美哒？——用 @ 心相印超迷你湿巾就好啦，可爱便携，棉柔质感加上芦荟精华，柔软舒服无人能敌，安全健康无人能挡，诚心安利”“高露洁和 LINE FRIEND S 联手搞事情啦，忍不住要安利给你们呐”等博文，就是她接到的商业广告。在网络用语中，“安利”一词代表了强烈推荐的意思。除了接广告实现商业化变现，@ 零食少女也通过电商平台实现了商业化变现，她 2017 年 7 月 26 日在淘宝开了名为“零少带你吃的”食品店铺，短短半年已有 3.5 万粉丝，而她在微博中强烈推荐的“紫米奶酪面包四层夹心手工切片面包”在其店铺中月销量突破 6 000 件，可见微博上的营销对其商业化变现的重要影响。

（2）@ 伟大的安妮

@ 伟大的安妮的本名是陈安妮，在新浪微博上拥有 969 余万粉丝，可以说粉丝量十分庞大了，而她也可以算早期成名的网红之一。最早她通过在新浪微博连载漫画作品而进入大家的视野。2011 年 11 月，陈安妮创作的《2 在广外》《妮玛的唠磕馆》系列漫画在微博引起大量转发，而 2013 年 9 月创作的《安妮和王小明》荣获“中国动漫金龙奖最佳幽默漫画金奖”，这也让她在网络上名声大噪，为大家所熟识。2014 年 12 月 13 日，她创作的《对不起，我只过 1% 的生活》漫画的微博转发近 45 万次，阅读量达到 2 亿次，评论近 10 万，点赞 37 万。陈安妮的漫画画风简单可爱，漫画内容与生活息息相关，通过漫画把大学里的糗事、搞笑事，小感悟体现出来。她的作品中，既有像《广外班导使用说明》这样的小吐槽，也有像《2 在广外之上课篇》这样带着感伤的小清新。既体现个性，又兼具创意和趣味。这样真实的故事和文字得到了粉丝的共鸣，从而成长成为粉丝量近千万的网红。

陈安妮在微博上利用漫画营销的成功，也让她的商业化变现模式与其他网红相比更显成功。2014 年陈安妮成立了梦当然工作室并开发了快看漫画 APP，在仅上线苹果应用商店短短 3 个月的情况下，用户规模达到 200 万。同时其创作的漫画也相继出版成书，比起许多网红利用电商平台实现变现的方式来看，陈安妮则是通过实体经济实现了变现。

结合以上三个例子可以看出，娱乐分享型的网红主要是将自己擅长领域的内容通过一种新奇的、原创的、用户乐于接受的形式展现出来，从而吸引粉丝的关注和支持，最终通过广告、出版物、微信公众号等方式实现商业化变现。

## （二）视频营销

随着网络媒体的多样化发展，涌现了许多直播平台，成就了许多游戏网红。随着这波热潮，新浪微博也实现了视频及视频直播功能。视频的兴起主要与我们日渐加快的生活节奏密不可分，相比起图片、文字的基础形式，视频更为直接，而直播在视频表达直观的基础上还有实时互动的优势。新浪微博的直播活动简称“微直播”。微直播可分为用户的直播和官方策划，两种直播方式都起到一定的宣传效果。但在新浪微博平台，视频还是更为主要的手段和方式，新浪微博上的微直播多借助于“一直播”“秒拍”等第三方平台来实现，着重讨论网红的视频营销手段。

目前，微博平台上经涌现出了一大批视频红人，例如名声在外的罗胖、papi 酱，通过高频周期性更新视频内容，大胆创新，圈定了大批粉丝。而视频领域也新人辈出，将选取@刘哗电影、@办公室小野、@歪果仁研究协会这三个视频网红作为研究样本来具体分析。

### 1.@刘哗电影

@刘哗电影的微博认证为“微博原创视频博主、微博签约自媒体”，拥有粉丝 1040 余万人。其运营模式和@可可不剧荒有异曲同工之处，不同之处在于@刘哗电影以视频的形式为大家解读电影，而@可可不剧荒采用的是图文的形式。在内容选取上，@刘哗电影选材多以恐怖电影温情解说、烂片吐槽及热门电影解说为主。也会根据粉丝要求讲解粉丝想看的电影。他的风格幽默风趣、吐槽犀利，不同于传统的简单叙述电影内容，他的讲解穿插了对电影各个方面的吐槽，让大家不管是听恐怖电影解说还是烂片介绍，都能有愉快的心情，并能以一种更新颖的角度了解电影。而其在每部电影解说的最后所说的“从转发、评论中抽取一位粉丝从零食大礼包”也成为标志性的话语。这句话促使粉丝为了零食大礼包争相评论转发微博，可以看到他发布的视频微博中，绝大部分的评论、转发量都过千，随着粉丝的增长，越来越多的博文转发量过万。这也为他源源不断地吸引了新粉丝。@刘哗视频的变现手段依旧是淘宝店加广告盈利的模式，一方面利用自身影响力接商业广告实现盈利，一方面在淘宝上开了美食店铺，短短一个月粉丝就有 3.4 万人，可以看出有一定的号召力。

2.@ 办公室小野

94 年的姑娘“@ 办公室小野”微博认证为“美食视频自媒体、微博签约自媒体”，拥有 800 余万粉丝。她堪称美食界的“泥石流”。想法十分新颖有创意，如饮水机煮火锅、烫发机土耳其烤肉、电熨斗烫肥牛等意想不到的美食，都是小野在办公室完成的。正是这样脑洞大开的美食创意制作，让“@ 办公室小野”初期制作的 26 期视频点击总量累计突破 10 亿，单条视频播放量超 3 800 万。这么大的流量，也随之而来的给“@ 办公室小野”带来了可观的广告流量。

3.@ 歪果仁研究协会

@歪果仁研究协会的微博认证是“微博原创视频博主、娱乐综艺视频自媒体”，拥有 500 余万粉丝。歪果仁也就是外国人的谐音，歪果仁研究协会简称歪研会，会长是高佑思，他在视频中主要担任短剧主角和主持人。2017 年 1 月，@歪果仁研究协会推出系列短视频，视频中的外国人像中国人一样思考和娱乐，深度而积极地参与到中国文化生活的讨论之中。一年间，歪研会推出的主题有“自从这群歪果仁在中国答题赢钱以后”“自从这群歪果仁在中国冻成狗以后”“自从这群歪果仁被中文水平考试支配以后”等，主要的方式是通过引入主题的情景小短剧，加上采访外国人就话题的看法，最后是情景小短剧的结局。这种方式比普通的街头采访多了一些看点和娱乐性，让用户更乐意接受。粉丝及观众通过“洋网红”制作的视频，一方面了解了部分在中国生活的外国人对中国的看法及中外文化的差异，另一方面也增强了自己的民族自信。歪研会的选题贴近中国高速发展的领域，如迅速的移动支付、便捷的网购与高效的物流、安全的社会环境等，通过外国人的赞扬和对比中外的现状，让粉丝感觉到中国的优势和发展潜力。歪研会的发展方式和刘哔电影的比较相似，都是通过抽奖加强对视频的宣传扩散和粉丝挖掘。歪研会采用的是“转发＋评论抽 3 位粉丝各送出 666 元”的抽奖方式。而其变现模式主要也是广告盈利。

通过视频营销的方式我们也可以看到，随着科技的发展和进步，用户需要在更短的时间获得更多的信息，这也是视频营销的优势所在。而这种营销方式内容主要来源于原创视频，而内容多为热门话题的讨论、固定领域的解说介绍以及幽默无厘头的搞笑视频，这对网红能力和创意也具有较高要求。

## （三）话题营销

自媒体网红发展迅猛，而许多企业也看准了新浪微博这一平台，通过精准有效地进行微博营销，取得了相对的成功，而这些成功案例中，多是采用的话题营销方式。这其中，海尔、卫龙食品等企业属于相对成功的营销案例，下面将具体分析两个企业的话题营销方式。

**1. 海尔集团的话题营销**

海尔集团创业于1984年，是全球大型家电品牌。在新浪微博上拥有140余万粉丝。@海尔从一个品牌官微变为官微网红，不得不说的就是其无时无刻不抢热门的壮举。说到@海尔官微抢热门，第一时间想到的应该是2016年的罗晋唐嫣事件。2016年12月6日，演员罗晋发布博文“我的肩膀永远是你的依靠！亲爱的你，生日快乐@唐嫣”高调公布恋情。然而@海尔却因为评论了一条“啥时候成亲，需要空调冰箱洗衣机么”被网友送上热门和热搜，这也成为企业新媒体抢热门的经典案例。而海尔也因此一战成名，屡屡出现在各种明星博文的评论前排，积极抢占各类头条、热门事件的评论头条。@道门网继续转评追问“你会求雨吗？你会求雪吗？你会祈晴吗？你只有制冷，暖气，送风模式”。而@海尔官微则霸气的用“你的管用么？”强势回击。@道门网以《明史》记载的典故予以反驳。@海尔官微最终机智回复“哟，这么厉害，那你现在不还是得在道观里吹空调”。这场@道门网和@海尔的“互怼”引起了粉丝的关注和围观，@海尔官微通过“互怼”上热门话题吸引了粉丝，也由此宣传了自家的空调产品，可谓一举两得。

抢热门让更多的粉丝认识和喜欢上@海尔官微，甚至很多热门微博的评论中屡屡出现网友和官微竞争评论前排的情况，而没有见到海尔出现的时候，还有粉丝评论“终于比海尔抢的快了”，而@海尔官微出现在评论的前排热门区时，也有粉丝无奈的评论“怎么哪里的头条都有你”，可见通过热门话题和抢热门评论的方式，海尔已经和粉丝建立了良好的互动关系，并进一步扩大了其品牌知晓度和影响力。

**2. 卫龙食品的话题营销**

@卫龙食品拥有粉丝37余万人，然而其热门话题一度“霸屏”，从而让其发展成网红品牌，牢牢占据在辣条界的领军地位。首先是因为卫龙在微博的洗白之路上尝到了甜头。作为公认的垃圾食品，想要洗白实属不易，而其洗白的成功则要归功于摄影师“随手一发”的微博。全自动化的生产设备、无菌洁净的生产车间，以及专业的实验室和研发中心，改变了大家对辣条是垃圾食品的刻板印象，也通过视频让大家看到卫龙食品安全和标准化操作，打消了消费用户心中的顾虑。正是该条微博发布后轻松获得上百万的阅读量，一度让关于辣条的段子和表情包广为传播，甚至出现了“吃包辣条压压惊”“这个问题太难回答了，让我先吃包辣条冷静一下！”等网络用语和表情包。这也让卫龙意识到网络的影响力，从而一发不可收拾，一直以较高的频率活跃在微博热门话题中。

可以看到，话题营销一方面依靠打造贴合自身的话题来加强与微博用户的互动，一方面需要网红抢占热点，制造热门话题，引起更多用户的关注。而企业网红通过话题营销取得阶段性成功的较多，自媒体网红利用话题热度来炒作、吸引眼球的，一是不像企业官微这样本身有一定的知名度，容易让用户记住；二是自媒体不像官微给人一种严肃的第一印象，所以官微偶尔借助话题幽默搞笑会产生反差，让用户有探究和了解的欲望，这就使得企业官微利用话题营销的方式比自媒体利用此方式的成功概率更大，这也是更多的企业网红选择使用这种营销方式的原因。

## （四）服务营销

服务营销是一种为用户提供服务，从而实现有利交换的营销手段。这种营销手段主要是政务官微常用的营销手段。与自媒体网红和企业官微网红通过营销实现商业化变现不同，政务官微网红营销主要是提高政府部门公信力，增加粉丝黏性，实现微博问政。这种营销方式主要体现为在微博上为粉丝及用户宣传政策、解答问题以及处理舆情，其主旨都是为用户提供服务。政务官微代表的是不同的政府行政机关，发布博文的内容具有权威性和官方性，这也让政务官微的营销手段较为一致。主要的表现形式集中在以下几个方面。

### 1. 专业科普型

虽然政务官微背后都是行政机关，但不同的部门负责的业务及行业不同，政务官微的开通初衷就是要让用户可以及时了解各部门的工作动态和政策信息，这也是所有的政务官微都固定发布的内容。但单纯的发布工作动态和部门新闻对微博用户的实际意义不大，所以政务官微网红营销的一种形式就是突出所在部门的专业水平，把工作用一种对用户有用的方式表现出来，让用户认同并关注该工作。如拥有260余万粉丝的“@江宁公安在线”，是南京市公安局江宁分局官方微博，粉丝亲切的称呼其为婆婆。

@江宁公安在线的互动力和认同度都是最高的，而其传播力得分也较高，这也和其微博定位是息息相关的。@江宁公安在线的博文多以辟谣和科普为主，博文内容一部分来自认证的科普类自媒体微博，一部分为自己原创。正是因为微博代表的是公安局，所以网友对该微博的内容都深信不疑，同时也热衷于通过评论和@功能来咨询江宁公安在线相关问题。如用户咨询“喝了甜酒酿开车也会算作酒驾吧？”@江宁公安在线及时答复“以检测数据为准。酒酿一般的酒精度都在2%左右，市面上常见国产啤酒一般在3%左右，你等量换算一下就知道了”，还有网上热议的“大学生不刻苦学习是否违法”“出租车顶灯出现报警信息是否属实”等问题，@江宁公安在线也会从专业角度一一作答。

此外，@江宁公安在线自己原创的科普长微博也是深受用户喜爱，制作过的内容有“挖器官往事”“分享一起盗窃案的侦破过程”“为尸体说话——你对于法医最想知道的问题，都在这里解答啦”“关于南京南站发生的猥亵儿童案件的相关解读”等，都紧贴热门话题，以警方专业的角度为用户解读和辟谣，一方面避免了谣言的进一步传播造成负面影响；一方面也为用户答疑解惑，引导正面舆论。

除了公安系统，在环保系统、交运系统也有这样的政务官微网红活跃的身影，他们代表的是与用户生活出行息息相关的行政部门，最主要的营销手段就是通过解读相关政策和回答用户问题来实现服务功能，从而吸引更多所在地区的粉丝关注。

**2. 宣传发声型**

根据行政部门的职能不同，微博的表现形式也各不相同，如许多代表政府部门发声的外宣微博，@成都发布、@上海发布、@昆明发布等，都代表的是一个城市的政府信息公开官方平台，而这些微博的营销手段与职能较为突出的公安部门、城建部门微博不同，主要的是发布当地的时事新闻和及时处置负面舆论。从@昆明发布来说，认证信息为云南省昆明党务政务信息公开平台官方微博，拥有粉丝80余万。从@昆明发布2017年1月至11月的博文发布数据可以看到，共发布微博7 199条，日均发博数量为31.7条/天，发布频率为1天/次，原创微博达75.1%，主要内容涉及昆明当地旅游文化的宣传推广、新出台的政策法规以及政府重大决策听证等。非原创的微博主要是转发昆明其他政务微博的内容，如停水通知、回复网友问题等。这让@昆明发布在昆明地区保持着一定的关注度和影响力，而让@昆明发布引发大量关注的，还是巧妙应对舆论危机的事件，2017年5月21日，一段视频“中国留学生毕业演讲：美国的空气都是新鲜而甜美的”刷爆网络，演讲者所说的“（美国）这里的空气是甜的”“在家乡出门不带口罩可能生病”等言论引起了大量微博用户的反感。在被爆料该留学生来自昆明后，立即引发用户对昆明空气质量的关注与质疑。@昆明发布及时通过数据澄清，并在微博上幽默表示：“这个锅我们不背。”该微博引来过万互动，阅读量达80余万次，同时，@昆明发布在微博主页开设微话题#家乡的模样#，通过真实的图文展示昆明良好的气候环境和自然美景，并吸引了大量用户晒图，对昆明青山绿水的旅游环境进行了一次宣传。这样不仅对网络舆论进行合理引导，将危机化解的同时，也巧妙地为自己进行了宣传推介，可谓“一举两得”。

3. 服务民生型

政务微博的宗旨还是在于网络问政，真正的通过微博平台实现为民服务、答疑解惑。2017年，@昆明12345市长热线的#办理反馈#话题荣登“全国十佳服务力话题”榜单。从政务机关的职能职责来说，政务微博的主要功能还是服务，微博就是为政务机构提供了一个切实服务公众、服务社会平台。从@昆明12345市长热线微博来说，认证信息为“昆明12345市长热线官方微博”，目前拥有粉丝60余万，2019年1月至11月，共发布微博2 895条，日均发布微博12.7条/天，原创率83%。发布的内容主要是当地政策、新闻及民生问题的办理情况。其中最受用户关注的就是设置的#办理反馈#话题，该话题主要是针对用户私信、@和评论中反映的各类民生问题受理情况的反馈，目前已有2.3亿的阅读量。从@昆明12345市长热线2019年发布的微博中可以看到，其中的999条都是#办理反馈#，这占了全年总发布量的三分之一还多。这与其部门性质有直接关系，昆明12345市长热线在线下就是一个受理市民反映问题的热线电话，可以联动昆明所有的政府职能部门，正是因为这样的基础，才使得@昆明12345市长热线微博的受理面比行政职能单一的政务微博受理面大得多，才让用户遇到问题更愿意选择这个平台来反映。@昆明12345市长热线通过服务民生从而不断巩固粉丝，利用高效的服务力来提高微博影响力和当地政府公信力。可以看出，政务微博网红的营销手段一方面是加强政务信息传播力的提升，另一方面是加强政务机构服务力的提升，回应公众关切、为民排忧解难办实事。在“互联网+政务”的发展趋势和背景下，矩阵式政务服务将更有效地推动政务新媒体工作的开展。从这些成功的营销手段背后也可以看到，政务微博不应该单纯的信息发布、自说自话，而要根据政务微博代表的职能部门来有针对性的发布内容。只有真正成为答疑解惑、回应关切的渠道，才能真正地打破在用户心中的刻板影响，赢得用户支持和关注，提升政务互动力，从而树立良好的政府形象，提升政府的正面影响力和公信力。

## 四、微博营销的优势

微博为网红提供了一个良好的营销平台，这与新浪微博自身的特点、功能密不可分，不论是软文营销、话题营销、视频营销还是服务营销，可以看出都是依托新浪微博强大的交互性和海量的用户实现的。同时，网红营销相对传统营销，也有传播速度快、病毒式传播、营销成本低等优势。

### （一）新浪微博功能全面

博文内容是网红营销的基础与核心，新浪微博不断完善的平台内容与功能则为网红实现成功营销提供了更多的便利和可能。不论是网红的话题营销、软文营销还是视频营销，都是基于微博的多元化功能实现的。根据对新浪微博用户发布形式进行分析可以看出，图文类博文仍是微博用户最主要的发布形式；与此同时，包含链接、视频、音乐类博文的占比则实现全面提升。

新浪微博也在不断推出新的功能来鼓励用户创作、分享更多短视频、图文内容。如微博最新的长文产品“头条文章”，2020 年 1—9 月微博头条文章发布量同比增长近 90%；对用户而言，头条文章是微博碎片化内容的弥补与增强，满足用户深度阅读的需求；对网红而言，头条文章的内容在微博信息流内可以得到更多推荐，能传播触达到更多用户；同时，头条文章具有打赏、付费阅读功能，让文章作者在赢得用户认可的同时获取收入，支持鼓励创作者持续产出更多优质内容。这也为网红实现商业化变现提供了一种新的途径，增加了新浪微博网红营销的手段和方法。正是新浪微博平台自身的不断提高和完善，让网红营销有了发展的空间，而富媒体的营销手段也能吸引越来越多的粉丝和消费用户，丰富网红营销方式，提高营销效果。

### （二）营销成本低

通过分析网红营销方式可以看出，新浪微博为自媒体网红和官微网红提供了一个低成本、高效便捷的营销平台。通过软文营销、视频营销、话题营销、服务营销等方式向用户宣传产品信息，弘扬企业文化，树立品牌形象。

一是平台入驻门槛低。不论是官微网红还是自媒体网红，都可以简单快速的注册新浪微博账号，既没有注册资金的要求，也没有对博文内容发布的限制。在进入新浪微博平台的时候是完全免费的。

二是网红利用新浪微博营销宣传的成本低。网红日常发布宣传博文及视频均依托新浪微博的自身功能实现的，不需要支付任何的费用就可以完成博文的发布，而其他用户扩散该博文也不需要支付任何费用，相当于网红可以免费完成政策类、广告类博文的发布、宣传、扩散，达到营销目的。

三是新浪微博上的博文有病毒式传播的特点。所以发布博文具有传播速度快、扩散范围广的特点，而且能够取得较好推广效果的转发抽奖博文，只需设置较少的奖金或相应的实物奖励，就可以达到比常规广告博文更好的扩散宣传速度。相比之下，这与在传统媒体上支付昂贵的广告费用来说，新浪微博在成本上具有极大的优势。

此外，比起传统媒体的广告方式，新浪微博上策划和发布广告博文要简单很多。

一是操作简单。网红可以随时随地的发布广告内容，更新商品信息，同时可以采用图文、视频、直播、在线互动等多种手段实现推广和宣传。

二是新浪微博既可以发布传统直接的硬广告，也可以推广隐藏植入的软广告。通常微博上一段有意思的图文小故事、风趣幽默的视频都可以植入广告，并且经过转发扩散吸引成千上万的粉丝围观和讨论。

三是新浪微博的交互性让广告的效果和时效性更好。网红产品最吸引用户的就是注重用户体验，充分体现用户需求，利用用户口碑来为产品扩大宣传面。网红可以随时随地了解用户需求并及时改进，并在此过程中不断的吸引用户参与，挖掘消费用户，为最后产品的营销进行良好的铺垫，这也是网红营销不断积累粉丝和用户的重要保障。

## （三）危机公关强

随着网红经济的兴起，网红间的竞争也不断地加剧。良性的竞争可以促进网红不断进步，而恶意竞争则会给网红带来较大的负面影响，不仅给自媒体网红、企业官微网红自身造成影响，也会影响到其背后的品牌口碑。自媒体时代，危机爆发的速度和传播的不可控性难以想象，越来越多的网红相继被曝光出各种问题，网络上的网红扒皮帖子也数不胜数。这些真假参半的曝光和扒皮，让很多网红信誉遭到质疑，及时有效的危机公关显得尤为重要，而新浪微博既是自媒体时代下曝光网红企业、自媒体的危机产生平台，同时也是应对危机，处理危机公关的良好平台。

如 2016 年 4 月 17 日，有网友在微博上发视频爆料，北京某小区内，发生了一起顺丰快递员与私家车发生剐蹭的事件，虽然快递小哥表示是不小心而为，并及时表达了歉意，但该车主不依不饶，并对快递小哥进行了长时间的辱骂，甚至动手打人。该快递小哥全程并未还手，只说了“对不起”。该事件被微博用户曝光之后，网友自发转发扩散该博文。当晚，顺丰就因此时间登顶微博热搜话题。顺丰快递官方微博“@顺丰集团”在了解该情况后，在第一时间在微博上发声，力挺自家员工，树立了良好的企业形象。同时在4月18日发布博文“对于快递小哥被打事件的严正声明。对于责任，我们不会因愤怒而抛弃客观公允；对于尊严，我们也不会因理解而放弃追回！希望一线小哥恪尽职守的同时也要保护好自己，你们的安危牵动着每一个顺丰人的心”，体现了顺丰集团的责任心和坚定公正的立场，仅拥有60余万粉丝的@顺丰集团该条微博获得19万余次的点赞，近5万的转发量。

用户在评论中纷纷表示“冲着这个声明，我要去寄个顺丰件”“有责任心的公司一定能越办越好”“良心企业！模范企业！以后快递就用顺丰！”，通过这次危机公关，为顺丰快递树立了良好的企业形象，凝聚了更多的消费用户，起到了较好的公关效果。

此外，新浪微博也是政务官微网红处理舆情的重要平台，2017年5月25日，“昆明城管戏弄盲人”的视频在网络上引起广泛关注，用户几乎一边倒的声讨，给昆明的政府和城管部门的造成较大的负面影响。对此，“@昆明市城管局”官方微博及时发声，正面回应质疑，说明事实真相，并对多部门将联合帮扶、安置盲人就业的后续处置措施进行了通报，该通报经过了“昆明发布厅”微博矩阵的部门联动机制进行了宣传，在一定程度上控制了网络谣言，还原了事实真相。

可以看出，新浪微博为网红提供了一个妥善处理危机公关的平台，而网红及时处置与回复突发事件，疏解用户负面情绪，引导网络正能量对网红营销具有重要意义和促进作用。

### （四）利于开展“病毒”营销

新浪微博的多元化功能和交互性为网红开展病毒营销创造了较好的条件，网红将自己的产品发布到微博上，而粉丝及消费用户将这些博文及产品转发到自己的微博中展示给自己的好友及粉丝，而消费用户的粉丝再通过这种方式，一层一层的将该内容分享给更多的用户，在这样一层又一层的病毒式转发分享中，即使网红与经过层层转发的传播用户及被传播用户没有任何交集，但这些被传播用户却因此了解到网红，并可以与网红及任何一层的传播用户进行在线的沟通交流。这种方式为网红营销挖掘消费用户提供了更多的可能。

### （五）精准投放广告

传统媒体的广告宣传往往要花费很长的时间做前期市场调研、数据搜集和广告设计等方面。但新浪微博网红营销则大大缩短了这个过程的时间，更拉近了产品和消费用户之间的距离。网红自媒体及企业官微网红通过新浪微博可以更为直接的了解粉丝对产品的需求，及时收到粉丝对产品的反馈和建议，政务官微网红可以通过新浪微博了解用户对政府工作的意见建议及需要解答的政策类、民生类问题；特别是自媒体和企业官微网红可以通过微博评论的功能，探讨产品研发思路，让粉丝可以通过评论的形式参与到产品的研发和生产过程中，同时还可以实时与其他粉丝就不同观点展开分析，从而形成贴近粉丝需求的数据，为网红制定精准有针对性的营销策略提供参考，政务官微网红也可以根据用户的建议及时调整政务微博营销方向和策略，更有效的服务用户，更贴近用户的需求。通过具体营销针对类型也可以看出来，消费用户的需求各不相同，粉丝追随的网红也各种各样，而微博个性化的特点也是迎合了现在消费用户越来越个性化的需要。正是因为新浪微博提供了一个了解消费用户需求的平台，所以这也是网红营销相较于传统媒体营销手段的一个优势，可以为消费用户提供个性化定制和服务。

网红通过对粉丝在微博上的评论信息进行分析研究，可以更加明确自身在微博上的营销定位和市场地位，锁定目标客户群体来实施精准营销。精确营销顾名思义就是要进一步了解用户的需求和偏好，根据用户的基本信息，有针对性地进行一对一的营销。精确营销的基础和核心是网红与粉丝及用户建立起一种互动关系，即网红通过与用户的一次次接触，不断加深对用户的了解和需求，以提高用户及粉丝可能创造的总价值。网红根据对用户的了解和用户提出的要求，生产和提供完全符合用户特定需要的定制产品或服务。新浪微博的自身特性及功能是网红实施精确营销的良好载体。网红可以通过研究微博粉丝的发帖、转帖和评论量，找到粉丝及用户感兴趣的内容、话题和博文表现形式，从而更有采取更有针对性的广告投放策略，同时，网红还积极活跃在粉丝为其建立的微博粉丝群和讨论群中，积极参与这些忠实粉丝的讨论，增加粉丝黏性，了解和分析消费用户的购买力。从而制定合适的精准营销策略。

## 五、微博营销的影响因素

### （一）曝光度

网络综艺由视频企业独立制作和播出，项目营销及发行推广会交由网络视频企业的市场部完成，因此，网络综艺的微博营销有一般企业营销的共性，但是综艺节目作为一种特殊的文化产品，在微博营销方式也有其特性。网络综艺微博营销效果的评估对转化率或是直接的回流播放量比较不那么注重，而是更侧重在播出的当季时间内，节目在微博上的传播力与影响力。微博的热门搜索功能和热门话题功能是热点事件的聚集地，占据了微博用户的大部分注意力。

由于这种强大的热点聚合特性，网络综艺在微博上的营销也呈现出明显的马太效应，头部的内容资源会获得更多的关注，曝光度的提升可以吸引更多圈层以外的受众的关注。“创造 101”是腾讯视频 2018 年推出的女团选秀类综艺，腾讯视频与微博的战略合作助推了节目点击率的增长，其中参赛选手发布了 1813 条微博，节目相关的明星发布了 150 条微博，作为“微博意见领袖”，他们拥有强大的粉丝资源和传播能力，为节目赢得了极高的声量和曝光，从而带来不错的播放成绩。据对“创造 101”节目播放量与微博声量的统计（数据来源：微博数据中心），节目播放量与微博声量的总体变化趋势是一致的，决赛后“火箭少女 101”女团成立，发布的首条微博互动量超过 160 万次，巨大的关系矩阵将整档节目的品牌曝光覆盖到数亿观众，制造出大众热议的焦点话题，播放量也达到顶峰，让节目真正成为全民意义上的“现象级”。微博声量是节目名称出现的次数，即曝光度的体现，据《2018 微博台网 V 影响力峰会报告》，微博对综艺节目营销效果考量其中一项就是节目的声量表现，因此可以推断，曝光度能影响营销效果，并与节目播放量呈现出相关性。曝光度是网络综艺微博营销的重要影响因素，也是进行效果评估的重要标准。

### （二）参与度

年轻群体是网络综艺的主要受众，同时也是微博用户中的主力军。基于受众群的重合，网络综艺可以通过微博向受众传递节目信息，并向目标人群推送节目相关资讯，通过组织一系列微博活动充分调动受众积极性，与受众建立良好的互动关系，以达到更好的宣传与营销效果。

受众是营销的基础，垂直圈层下的受众可以对节目的微博进行转发、评论，发表自己的态度与看法，或是作为粉丝为节目进行宣传造势，甚至对节目内容进行二次创造，从而吸引到更多的潜在受众的关注，扩大了节目的影响力。“中国有嘻哈”选择小众的嘻哈音乐题材，在前期没有密集的宣传造势，业界与观众都不看好这档节目。有网友戏谑性地调侃导师吴亦凡的专业水平，将吴亦凡的“你有 freestyle 吗”短视频进行二次创作，恶搞视频和表情包在微博上被疯狂传播，让节目主话题 # 中国有嘻哈 # 长时间占据微博话题总榜、综艺榜双榜的第一名，成为 2017 年点击率最高的网络综艺。基于兴趣的传播是最有效的传播，明星、娱乐等争议性、趣味性的话题是网络综艺和微博博取眼球的重点。节目的剧情发展、激烈冲突或是搞笑片段为受众设置了议程，微博为受众提供讨论或“吐槽”节目和嘉宾表现的平台。无论是官方微博发布的新鲜内容下的评论，还是受众关于节目自发的讨论，通过微博的转发和逐级扩散，最后会汇聚成话题，被更多的潜在受众看到，从而扩大节目信息的覆盖度，实现营销目的。因此，受众的参与对于微博营销来说是传播最快、触达最深的影响因素。

### （三）可信度

可信度代表受众对网络综艺官方微博两个方面的认可，第一个方面是受众对节目本身质量的认同。出于对节目的喜爱和关注，为了搜索更多节目相关信息，了解更多关于节目和嘉宾的最新情况，忠实的节目受众会主动关注节目的官方微博，成为网络综艺官方微博的粉丝。

第二个方面是受众对节目官方微博内容的认可态度，表现为微博的点赞量。“点赞”表示微博用户对微博的内容的赞同、鼓励或欣赏等正面态度，如果某条微博的点赞量高，说明这条微博的内容质量高。粉丝量一定程度上可以反映出微博账号的可信度和受欢迎的程度，粉丝基数越大，高质量粉丝越多，传播范围越大。并且，根据微博的算法，点赞量高的微博更有机会登上热门微博排行榜，因此，可信度也是影响微博营销效果的一大因素。

综合以上，提出网络综艺微博营销的影响因素主要包括三个——曝光度、参与度、可信度。

# 第二节　社群经济时代微博社群营销的策略

## 一、制定战略规划，关注长期效果

许多网络综艺在进行微博营销时，存在盲目追求转发量、微博数等 KPI 的短视行为，他们仅仅关注微博的短期内的效果，过度追求短期内的曝光，走向“流量即效果”的误区。却没有意识到微博营销是一个长期累积的过程，因此会出现转发量、点赞量极高，话题量与播放量却一般的情况。网络综艺在项目开启前，需要建立一个系统整体的战略规划——包括形势分析、受众定位、目标确定、建立时间轴、效果测量与反馈等环节，从各个环节去考量营销效果，改进营销策略。随着网络综艺市场的垂直化和细分化，不同类别的节目会瞄准不同的目标市场和目标受众，从而形成自己的市场定位。这种定位也反映在微博营销上，仅仅把官方微博当作节目信息宣传的辅助工具，模仿和照搬其他节目的微博营销模式，是无法获得好的效果反馈的。菲利普·科特勒认为市场营销就是识别并满足人类和社会的需要，因此节目组在制定微博营销的目标之前，应对节目的受众市场和微博的潜在用户进行 STP 分析——市场细分、目标市场、市场定位，这样才能准确去把握受众的需求和态度，培养长期稳定的粉丝群。“创造 101”对于受众 STP 分析让节目的营销目标人群更清晰：腾讯视频在大量前期调研发现，市场上比较出名的女团 SNH48，其营销模式是以男性消费者为目标的典型，这类女团难以让女性产生共鸣，因此难以获得良好的传播效果。偶像产业中，女性观众更容易为某个 IP 创造流量，腾讯视频将受众对准年轻女性受众为主的全性别定位，因此具有受众优势，营销的对象和目标更为清晰和准确。

在对受众进行定位之后，需要确定可行与可测量的微博营销目标，比如提升参与度、提高节目口碑、提高话题讨论量和微博搜索热度等。需要注意的是，这些目标要按照时间轴来循序渐进地实现，而不是通过某次活动或是某次话题炒作就能达成，在节目播出的不同阶段——预热、热播、收官期需要制定不同的目标要求。关于效果测量环节，影响因素模型为网络综艺提供了较简单的测量方法，对于即时的营销效果的测量比较直观。通过效果测量，运营方可以及时发现微博营销中存在的问题，哪些微博内容需要加强，哪种营销策略适合于当时的情况，可以马上对目标与规划作出调整。通过连续的目标制定和长期的战略规划，网络综艺在进行微博营销才不会仅仅关注“今日需要发布多少条微博”“完成多少回复互动”等简单的行动步骤，而是会关注微博营销带来的口碑的提升、粉丝与话题的增长等长期效果指标，而长期效果对于网络综艺的 IP 化和忠诚粉丝的培养都具有重大意义。

## 二、把握话题营销，提升用户参与

评论量对网络综艺的微博营销效果有显著影响，也就是说，用户参与度越高，微博的营销效果越好。影响用户参与主要有以下三点：①营销内容本身的可参与性；②优秀的页面布局与整体设计；③是否结合当下时事热点。现在的网络综艺的官方微博在页面布局和设计的完成度都非常高，基本能做到设计精良、主题突出，但是在营销内容和话题运作方面却存在较大的差距。营销内容本身的可参与性分为被动和主动两个层面：被动层面是节目运营方通过活动、福利号召用户参与，由于网络综艺提供的福利比较有限，所以活动内容更多是针对圈层人群，引导用户被动分享行为的动机性比较明显；另一种是通过感兴趣的、具有话题性质的内容吸引用户主动参与讨论和分享，这种内容是用户选择性接触与分享的，能辐射更多的边缘人群，传播范围更广。所以微博内容是否具有话题性能很大程度上影响用户的参与。

微博作为“突发事件和热点话题”爆发的载体而存在，因为匿名机制与弱关系社交带来的隐蔽性，受众拥有更充分的话语权和表达权，因此微博往往会最先爆出具有刺激性的社会、娱乐两类话题或事件。巴赫金在狂欢理论中构建了狂欢广场，它是全民性、大众性、自由性的象征，人民整体可以无所顾忌地自我展示、共同狂欢，在这所广场上产生共鸣，而微博正是这种“狂欢广场”的具象化，微博的群体匿名性创造了反叛的语言风格与独特的话题分享，话题在这里发酵，表现欲让话题讨论成为全民参与的盛事。因此，话题营销成为最直接有效的微博营销策略。微博中有的话题的爆发看似突然，但是背后是有运营团队来操控的。营销的首要目的是吸引受众注意力，而话题营销就是通过设置话题吸引受众关注。网络综艺话题的主要来源包括节目的精彩部分，例如矛盾冲突、剧情悬念等内容，或是借势热点事件进行营销，并且类似于短视频等轻量化内容能获取更多的兴趣关注，因此将节目中的故事性、争议性的视频内容进行剪辑处理再传播，更容易引发话题。微博短视频的超高播放量不仅没有影响正片的播放量，反而对其形成反哺，助推播放量与流量的进一步提升。此外，网络综艺话题营销的重点在于话题为社交网络提供了“社交货币”，并将其上升为文化现象，让网络综艺的营销由圈层传播变为全民参与。一档现象级的网络综艺能够开辟出巨大的公共话语空间，在很大程度上设置网络社会的文化议程，创造了红极一时的“热点”。

## 三、建立营销矩阵，维护粉丝关系

粉丝数对微博营销效果的作用是十分显著的，增加真实粉丝、加强粉丝管理、维护粉丝关系是网络综艺营销的重点。“关系”可以推动内容的生产和传播，受众的有效收视行为已经从“不评论，无收视”转向“不参与，无收视”。不管是话题营销还是活动营销等，微博营销策略都指向一个共同的内核—与粉丝建立长期稳固的互动关系。长期稳固的关系对于受众的长久追随、对节目的IP开发和降低舆论风险都具有重要意义。但是现在的网络综艺的官方微博更倾向于与粉丝的短期互动，节目结束后，随着热度的降低，微博的发布频率和互动活动便趋于冷淡。并且，大多数的网络综艺官方微博未形成节目自己的品牌效应，对节目的官方微博而言，除了发布节目信息和引发“吐槽”，并未将受众的追随“关系化”，更没有通过互动去明确受众的信息反馈和喜好评价。

网络综艺的官方微博是节目进行营销推广的最主要的根据地，是粉丝了解节目讯息，从“知晓”到“兴趣”阶段的重要信息源，也是建立粉丝沟通与互动、打造节目 IP 的主平台。官方微博代表了节目组、制作方和网络视频企业的官方意见，需要站在权威的立场上发表态度与声明。节目的微博营销矩阵应以官方微博为中心，联动粉丝配合造势，共同完成节目的营销与推广，但是实际情况是大部分的节目官方微博的运营状况不佳，受制于其官方的立场，对节目不能用客观的角度去评价和推广，内容流于肤浅和表面的“乐观”叙事和毫无内容的“积极”互动。受众对于这种“一面提示”并不买账，甚至会有抵抗心理。对于节目中出现的争议性的话题，节目一般缄口不谈，因此许多舆情都来自其他渠道，节目未掌握话语权。

此外，由于官方微博的影响力有限，节目会过度依赖于明星和自媒体账号的宣传，因此在宣传和推广的计划中多了更多的偶然不可控因素，这种不可控的因素可能会带来曝光率的增加和播放量的增加，也可能导致负面口碑迅速扩散，为节目带来较大的负面舆情风险，在没有粉丝基础的情况下，愈发难以对冲舆论风险。

粉丝营销的基础在于维护“关系”，了解粉丝需求，让粉丝深度参与节目的生产和推广，才能建立长期稳固的互动关系。“创造 101”十分注重维护粉丝关系，他们将观众称为“女团创始人”，创始人们可以通过“pick 点赞”来决定成员的去留，微博开通了投票通道和点赞通道，通过每期的投票，使成员获得了大量的曝光，节目一共收获 3 867 万的投票博文。除了投票，“创造

101”从节目播出到结束时都会高频率不定期地发起话题转发的福利，奖品包括演出门票、签名照和节目周边等，极大地增强了粉丝黏性。官方微博应加强自身的运营，让官方微博成为粉丝圈层聚集地，掌握主动的话语权，成为微博营销矩阵辐射的中心点，提高舆论引导地位。微博意见领袖一般都拥有强大的粉丝基础与关系网络，影响力非同一般。基于对微博意见领袖的共同兴趣，粉丝们在微博中的行为倾向于群体传播，遵守着共同的行为规范与群体意识，强调态度的一致性并强烈抵制不同的观点，对于追随的意见领袖十分维护。所以，依托粉丝强大的群体效应，无须过高的成本和力度，就能带来数倍的传播效果，并且在舆情危机的情况下，可以团结粉丝群体进行舆论引导。节目平台方要重视意见领袖对微博营销的关键作用，通过对已知或潜在粉丝群体的调研，充分挖掘明星话题，构建并维持与意见领袖的互动关系，提升节目自身的传播力和影响力。

不过要注意的是，网络综艺不能过度依靠明星和营销号去营销，而是以这类“关键意见领袖”作为桥梁，建立营销矩阵，加强自身与粉丝的良性互动，通过充分挖掘受众对于节目的支持与反对的声音，作出及时的回应和调整，逐步建立节目与粉丝的社群关系。

此外，在维护粉丝关系过程中，同样需要加强粉丝管理，尽可能地避免明星粉丝团对节目大规模的“刷量”行为，减少没有营养的转发内容，增加 UGC 内容和对节目的二次创造，例如点评作品、挖掘节目“吐槽点”和发布与节目相关的明星的个人故事等。内容是第一生产力，粉丝的内容创造会比简单机械地转发、轮播更能制造口碑，提升传播效率。

## 四、重视活动营销，满足受众诉求

活动营销是指企业以活动为载体来提升企业的品牌知名度或提高销量的营销方式。通过分析发现，对于网络综艺来说，活动型微博能正向影响参与度和可信度，从而间接影响营销效果，活动营销是非常有效的营销策略。但是许多网络综艺仅仅将活动营销视为有奖转发的微博发布任务来看待，奖品的设置一般，发起活动的频率也不高。网络综艺运营方应加强与微博的战略合作，通过微博大量获取用户行为数据，进一步了解受众需求，并通过深入合作打通双平台，加强与微博的互动型产品合作提高活动营销的效率，互动型产品合作是指用户参与该节目的投票、加油或是任务。在用户进行评论、转发、投票等互动行为后，微博获得了用户的行为数据，用户的微博信息流中就会收到相关节目的推送，经过这样多次精准触达后，微博用户就很容易转化为节目受众。微博用户可以通过链接直接参与视频平台组织的点赞、投票、等活动，而节目观众可以在微博为自己喜欢的选手或嘉宾打榜，实现活动的联动推广和双向导流。充分利用微博的互动功能，号召粉丝进行转发抽取明星的签名照、现场门票参与线下见面会等活动，一方面可以提高节目的话题量与热度，另一方面极大地提升受众的参与感和获得感，从而更积极地为节目造势。网络综艺的微博上的活动营销策略主要包括投票活动、转发抽奖和线下活动报名等，活动营销开展的受众针对的是粉丝群体，而他们的利益诉求点是明星，因此与明星相关的活动能带来受众更积极地参与。明星通过微博重新夺回自我构建的权力，而粉丝作为一种特殊的受众，能更多地近距离与明星互动，催生一种“亲密关系”，粉丝自发性地转发关于主创明星的话题微博，主动地参与节目的各种线下营销活动，出现比普通受众更频繁更紧密的互动，借此扩大节目的知名度。例如爱奇艺出品的养成类综艺“偶像练习生”，从偶像直拍、个采片段、幕后花絮、到节目周边与福利，爱奇艺宣传推广团队自节目开播便在微博上搭建了包括粉丝后援会、安利站等多类型活动平台，与粉丝建立密切互动活动。并且，他们与粉丝共同建立话题、热点，不断扩大宣传效果与圈层，让“偶像练习生”的粉丝覆盖了韩国、日本、美国、阿根廷等近 30 个国家。

除了知名度的提升，活动营销可以为视频企业带来直接的商业利益。制作方通过营销活动召唤粉丝参与商业文化的生产，甚至娱乐工业的决策过程来获得直接的经济利益。网络综艺通过活动营销策略可以获得流量和利益的双赢，提高活动发布的频率、抓住受众诉求痛点是活动营销的关键。

# 第五章　社群经济时代微信平台的营销策略

信社群依托微信强大的用户资源平台，以其去中心化、弱关系连接、私密性等传播优势，在各种营销领域大放异彩。成功的微信社群营销，应注重目标受众精准化、营销手段丰富化、管理规则制度化、主题活动常态化及应及时对社群成员完成身份转化与身份认同等策略。本章分为微信的社群功能应用、社群经济时代微信社群商业的解读、社群经济时代微信社群营销的策略三部分。主要内容包括：微信的发展历程、微信的社群功能、微信社群崛起的优势因素、微信社群发展面临的困境、微信社群的营销与推广等方面。

## 第一节　微信的社群功能应用

### 一、微信的发展历程

社交媒体时代的来临意味着各种媒介平台的诞生与兴起。腾讯（Tencent）公司作为中国最大的互联网综合服务提供商之一，于 2011 年 1 月 21 日推出了一款提供即时通信服务的免费应用程序，发展至今已成为目前国内最为热门、市场占有率和用户占有率均位列前排的互联网应用。

不过，作为即时移动通信类 APP，微信在推出时间上并不是位列第一的。早在 2007 年，中国移动作为国内最大的运营商之一推出了一款“综合通讯服务”——飞信（Fetion），试图打破手机原有的只靠电话与短信方式沟通的模式，实现互联网与移动网之间的“无缝通信”。2010 年年末，小米公司也开发了一款功能相类似的智能手机操作系统平台“米聊”，2014 年 2 月该项业务被其他网络科技公司收购重组。

可以看出，“飞信”和“米聊”的出现时间都是要早于腾讯微信的，但在发展的过程中都仅仅是昙花一现，并没有走得更加长远。如果将飞信、米聊与微信进行对比我们不难发现，微信在保留了原有的文字消息收发、即时语音与图片收发的功能外，还在短时间内对微信功能进行了升级，增加了朋友圈、基于位置的 LBS 服务、微信公众号以及微信支付等多种服务功能。

## （一）微信 1.0

在微信风靡之前，QQ 是腾讯公司的主推产品，自 1999 年 2 月自主研发成功以来一直深得用户青睐。事实上，微信 1.0 版本诞生之初在功能方面与腾讯 QQ 手机客户端并没有拉开很大差距，依然主打最基础的通讯功能，分享文字消息与图片收发。值得一提的是，由于出自同一公司，微信在用户推广方面得益于 QQ 打下的基础，基于腾讯 QQ 多年来积累的数额庞大的用户群体，因此只要做好功能开发的部分，微信的发展前景是不容小觑的。

## （二）微信 2.0

微信 2.0 版本的推出是在 2011 年 5 月，距离微信面世仅隔四个月，可见其更新速度之快。新版本首次在功能上有了不同于腾讯 QQ 的突破，增加了类似于 Talkbox 的语音对讲功能，大大丰富了微信可传播和共享的信息量。在 2.5 测试版中，微信还增加了基于地理位置定位的“查找附近的人”功能。2.0 版本使微信成为在功能上独立于 QQ 的另一个具有代表性的社交媒体，同时也带来了用户群体的大幅度增长，而在微信日后的发展中也证明了 LBS 定位功能在媒介营销中的巨大作用。

## （三）微信 3.0

在微信 2.0 版本吸引了大批用户之后，腾讯公司又加紧脚步于同年 10 月推出了微信 3.0 版本，增加了“摇一摇”和“漂流瓶”两种功能。这两种功能都利用了 2.0 版本增加的 LBS 地理位置定位服务。“摇一摇”功能是指用户通过摇晃手机可以搜索与自己同一时间摇晃手机的其他用户，再根据自己感兴趣的程度来选择是否添加为好友；“漂流瓶”原本是 QQ 邮箱中的一个附属功能，由于 QQ 邮箱的使用率相对较低，但此项功能已较为成熟，加上微信已有了完善的基于地理位置定位的服务，因此更新到微信 3.0 版本也是明智之举，无论是文字还是语音都可以突破好友列表的限制，将信息传播得更远，还可自主选择是否透露用户的个人信息。这种匿名性的社交方式在一定程度上拓展了微信用户的社交圈，增加了趣味性。

## （四）微信 4.0

2012 年 4 月，微信又一次进行功能升级，推出了 4.0 版本，在此之前的三月微信的注册用户数量已突破 1 亿大关。这一版本增加了微信“朋友圈”功能。

这是一个用户进行自我展示的平台，类似于国外的社交软件 Instagram，可以上传照片分享文字，点进用户朋友圈就是由时间轴串联、记录日常生活的个人相册，微信好友可以对其进行评论、点赞，以此来实现互动。这种面向圈内好友的社交与和好友进行一对一聊天的社交方式相比多了一种半公开的性质，增强了互动性，完善了微信移动社交媒体的应用功能。此外，4.0 版本还尝试将微信推向国际市场，支持多种语言；增加视频聊天的插件，可随时与微信好友“面对面”交流；发布网页版微信，增加多种登录方式。

丰富便捷的功能带来了用户量的激增，微信 4.0 版本发布六个月后，微信用户的数量便突破 2 亿，四个月后更是突破 3 亿，成为全世界下载量和用户数量最多的社交类软件。

## （五）微信 5.0

微信 5.0 版本更新的时间间隔较长，但同时也是微信版本最具革命性的一次更新。作为一款移动社交类 APP，微信的基础社交功能已经十分完善。5.0 版本又增加了表情商店、游戏中心，并开放了微信支付功能。表情商店为用户提供了多款用于日常聊天的表情包，分为付费和免费两种，开始了微信媒介营销的第一步；游戏中心致力于开发多款手机游戏，提供好友排名，既增加了娱乐性又提高了用户黏度，可谓一举两得。微信支付功能使用也相当便捷，用户只要将银行卡与微信账号进行绑定，再设置支付密码，便可以在微信平台进行购买交易了。同时此次更新升级了“扫一扫”功能，可扫二维码、条形码、封面及单词等，相当于兼容了一个扫码类的手机 APP。

微信 5.0 版本标志着微信正式成为一款综合类的移动社交 APP，这是过去其他同类社交软件没有达到的。微信支付功能开启了微信媒介营销的关键性一步，在占领用户市场的同时，腾讯公司逐渐将微信打造成了一个营销平台。

## （六）微信 6.0

微信 6.0 版本更新于 2014 年 10 月，在完成“移动社交类 APP”向“综合类社交平台”进化的关键步骤后，新版本的微信再次完善了其基础的信息共享功能——支持发布小视频，小视频不仅可以单独在好友间进行传播，还可以发布在朋友圈中。随后的 6.1 版本微信在附件栏中增加了微信红包这一新功能，开启了“全民抢红包”的新热潮，不仅拓宽了微信使用者的年龄范围，还大大增加了微信用户银行卡的绑定率，为微信推广营销手段开辟了新道路。

### （七）微信 7.0

微信 7.0 不仅是 UI 设计、产品交互、逻辑架构和功能的增加，而且是全方位的更新。最直观的自然是整体 UI 的变化，整体风格更加简洁扁平，视觉上的整体感更强，减少了很多由颜色区分不同区域的逻辑。特别是“发现”和“我”两个页面，将众多原有的彩色图标简化为彩色镂空边框，和之前的页面视觉反差巨大。

除了视觉变化之外，“钱包”变成了“支付”，更加强调微信作为一款支付工具的角色。还有公众号的文章尾部的“点赞”变为了“好看”，并且这一功能可以直接联动到新版“看一看”，将文章推荐过去，与好友进行互动。

当然，从目前发布之后的用户反馈来看，最受关注的还是微信对短视频的试水——“时刻视频”功能。

时刻视频的录制入口被放在了“我”的一级菜单栏右上角，只能上传 15 秒以内的竖版视频，好友可以双击头像查看，特别是在群聊中，操作体验很接近抖音了，再加上微信无可比拟的用户基数与黏性，无疑是对抖音的巨大挑战。唯一不同的是，微信的时刻视频社交依然局限在朋友圈，大家相互认识，所以抖音网红与营销模式可能暂时无法在微信上被复制。

新版微信对于公众号内容的分享与聚合模式的调整，才是本次升级最大的看点。公众号文章底部的点赞按钮变为了“好看”，被“好看”的内容自动推荐到看一看。这对于分享流量枯竭的公众号运营者来说，无疑是绝处逢生的好消息。

不仅如此，“好看”这个“一键分享”功能，也解决了入口过深，用户没有养成“看一看”习惯的问题。当你通过“好看”将文章分享到“看一看”后，自然想看看好友中哪些人志同道合。

虽然基于共同推荐的讨论很难出现，但是“好看”把用户由公众号带到了“看一看”这一信息流中。“看一看”也有望成为朋友圈之外，另一个大型流量池。而“看一看”也会分担朋友圈部分的资讯分享与获取功能。

除了大版本更新，微信团队还官方宣布，近期发现订阅号升级服务号功能存在被滥用的情况，且升级时消息提醒的切换对用户造成骚扰。为此，订阅号升级服务号功能于 2018 年 12 月 27 日下线。如果运营者需要变更公众账号类型，可使用账号迁移功能。

微信公众平台账号主要分为服务号和订阅号，区别在于订阅号主要侧重为用户传达资讯，类似报纸杂志，认证前后都是每天只可以群发1条消息。而服务号则主要侧重服务交互，类似银行、社保、114等提供服务查询，认证前后都是每个月可群发4条消息。

此外，订阅号的消息会被折叠显示在订阅号文件夹中，服务号则直接显示在好友列表中，且支持微信支付功能。很显然，服务号的消息更容易被用户发现，而且群发功能更强，因此不少订阅号即便没有服务查询和交互功能，也将自己升级成了服务号，容易造成对用户的骚扰。其实早在2016年5月，订阅号升级服务号功能就因为缺乏安全保护而被下线，但当年9月又重新上线。

## 二、微信的社群功能

想要将一种产品推向市场再通过此种产品进行营销，产品功能的强大是开发商所不能忽视的。网络与科技的发展带来的是人们对精神生活愈加重视，更在意产品“非物质性”的服务。

微信最初的功能与其他社交类APP并无差异，经过几次的功能更新已经成为综合类的移动社交APP，扩大了可提供的服务范围，因此才能占领用户市场，同时也形成了微信媒介营销的自有模式，实现了盈利的可能。

### （一）对话——点对点的人际传播

虽然经过五年多的优化与完善，微信以其强大的功能优势成为智能手机中使用频率最高的手机APP之一，但是作为微信的使用者，大部分用户还是将微信的社交功能放在首位。社交网络时代的传播使得人际传播不再扮演大众传播的末梢角色，而变成了整个传播结构中最为基础的部分，无论是新闻、资讯还是营销广告，都要先以人际传播网络为中介。而能是否能够利用好这最为基础的部分，获得组成人际传播网络的“节点”们的主动参与和主动传播，是信息传播行为成功与否的关键。

在社交网络时代，微信并不是最初推出即时移动通信功能的软件，但却为人际传播提供了足够便利的传播渠道，相比过去以短信发送文字即时消息的方式，微信的通讯成本要廉价得多，信息的载体也从单一的文字形式增加到图片、语音、视频、网页链接等多种渠道。这种间接的人际传播由于媒介的强大功能从而打破了时间与空间的限制，丰富的种类渠道使信息的表述和意义更加完整，使传播的双方获得更高效的沟通质量。

此外，在营销方面，微信可以进行单对单的群发，独立的对话框有助于双方的互动交流，增加了营销的精准程度同时更能形成一种朋友关系。基于微信这种社交媒体属性的种种优势，借助微信平台开展针对客户服务的精准营销也成为继新浪微博之后的另一个新兴营销媒介。微信与微博不同，微博的信息覆盖率要远远大于微信，换言之，微博更适合品牌传播。作为一个自媒体平台，微博的信息传播速度快，范围广，但是在传播效果与互动深度上却比不上微信。微博的传播优势在于范围，而微信的传播在于效果。

## （二）朋友圈——点对面的大众传播

腾讯微信更新了4.0版本后，朋友圈功能同步上线。与较为私密的聊天功能相比，朋友圈是在“熟人社交”——即在微信好友的范围内，适当拓宽了信息传播的范围，可将文字、图片、小视频、网页链接以及音乐发布在朋友圈中，受众范围扩大到所有的微信好友。

这种朋友圈的分享功能使微信变成了名副其实的自媒体平台。用户不仅可以查看好友的动态，也可在朋友圈中与微信好友分享自己的信息动态。与此同时，好友还可以对朋友圈的内容进行“赞”和“评论”，评论内容只有双方的共同好友才能够浏览，如果只是其中任意一方的好友则无法看到这一评论内容。微信朋友圈功能的自身属性决定了传播范围的限制，它设置了多重信息扩散壁垒，与微博的公众开放性不同，无法像微博那样形成多级链条式的扩散传播方式。虽然微信朋友圈内容的传播规模有限，几乎不会超出微信好友的范围，无法形成一种公众性传播，但是相比点对点的对话功能朋友圈无疑使传播变得更加高效。在满足了受众需求的同时，朋友圈还扮演着另一个重要的角色—为微信的营销奠定基础。

## （三）微信红包与微信支付——人际传播下的营销

说起微信红包，大部分微信用户都不会感到陌生。2014年年初，微信红包功能正式上线，而真正让微信红包走入大众视野的契机却是2015年春节，微信与央视合作，在央视春晚直播期间推出微信抢红包活动，这使得微信红包一跃成为微信最为炙手可热的功能之一，这不仅大大增加了用户黏度，同时也在微信构建媒介营销模式中起到了不可替代的作用。

事实上，相比微信红包来说，阿里巴巴旗下的支付宝红包在用户心中有着更为完备、更为安全的支付环境，在财产安全方面受众认可程度更高，因此想要占据“红包”市场，微信红包就要扬长避短，抓住其他方面的优势进行推广。不难看出，腾讯微信的优势在于其原有的社交属性，丝毫不用担心功能推广方面的问题，利用受众间的人际传播或群体传播来完成，填补了其他方面的劣势。

微信红包既可以通过人际传播的方式进行一对一的发送，也可以利用群聊进行一对多的发送，这样一来既增加了传播的互动性，同时也具有一定的娱乐性。

## （四）微信公众号

从之前的内容我们可以看出，微信结合了人际传播与大众传播，将二者融为一体。微信的即时通信功能、朋友圈分享、第三方应用及游戏、微信公众平台四大功能模块让微信同时成为社交平台、媒介平台、通信平台和服务平台。

微信公众平台是一种典型而新颖的自媒体形式，许多具有影响力的公众人物也开始运营微信公众账号，将自己的感悟、生活、情感、经验与大众分享，不仅吸引了普通的微信用户，同时也吸引了广告主与赞助商的目光。那么，如何解释微信公众平台盛行这一现象呢？克莱·舍基在《认知盈余》一书中提出了“认知盈余”这一概念，IBTimes 中文网总编辑连清川对其作出解读，他认为每个人在工作与生活中都会接触到不同的信息并产生一定的感悟与体验，当这些感悟与体验超出自身所需，就需要对其进行分享，甚至是销售。社交媒体恰好是一个能够分享、交流与沟通的平台，在利益的驱动下，微信公众平台这种形式的自媒体规模会越来越大。

“互联网＋”时代的到来重构了过去的信息传播方式，受众获得了多样化的表达渠道，也造就了一大批意见领袖。随着社会分工越来越明确，不同领域内的专业人士使高质量的内容不再是短缺资源，人们也更加倾向于在过度碎片化的信息中寻找更深层次、更具有专业性的内容。因此便诞生了包括微信公众号在内的各种多样化的信息整合平台，拒绝碎片化，实现信息的共享。而这种共享型的媒介平台具有一定的机制，大多都是在不同领域内的专业人士，为关注这一平台的受众提供自己所掌握的专业内容，满足受众需求。微信公众平台的优势在于它的打赏功能，推送的文章质量高，信息能够满足用户需求，用户可以选择“打赏”金额可以自行选择。当然，相比广告植入的收益来说用户打赏并不算是盈利的主要方式，但打赏代表了高人气，人气越高获得广告商青睐的可能性就越大，同时也保证了公众号的长远发展。

# 第二节 社群经济时代微信社群商业的解读

## 一、微信社群崛起的优势因素

微信的崛起带动了社群经济的发展，使社群成为企业和用户建立生态链（进行品牌宣传、收集使用反馈、增强用户黏性）的便捷通道，其优势因素如下。

其一，微信用户的坚实基础。微信已成为中国最强大的社交工具之一，囊括了人际、群体、大众等传播方式，接近一半活跃用户“拥有超过100位微信好友、超过10个群组。57.3%的用户通过微信认识了新的朋友，或联系上多年未联系的老朋友。”微信，这一基于强关系、强交互、强到达的超级社交工具，已经在我国移动互联网端普及。微信因其依托着大量的活跃用户引领了社群时代的到来。

其二，微信社群的私密性，如微信群无法进行搜索，所以只能是好友间的相互添加，所以，同一个圈子的用户数会随着人数的增加而不断扩大。在每个人加入之前就已经被筛选过一次，这可以说是社群去中心化的完美利用，也是微信社群的一大成功之处。

其三，微信社群的去中心化和弱关系连接，极大地削弱了社群构建者的地位。在群人数低于100人时，可以扫描二维码进入；同时，微信群里的任一用户都可以直接拉取朋友进入，结构十分扁平化，在这里交流更充分，也更加顺畅。虽然微信社群并没有设置审核者，但每一个社群成员都是把关人。微信社群作为微信这一强关系社交工具中的弱关系连接的补充，给每个人提供了充足的交流空间。马化腾提出“互联网就是连接＋内容”，而此处的连接往往是指这种弱关系连接。具有相同属性标签的一群人，大家可能来自世界各地，却齐聚在同一个平台，各自扮演着各自的角色，形成了一个“无组织的组织结构”给社群提供了极大的讨论空间，也给社群成员共同完成某些事情提供了可能。

其四，微信资源平台的外在依托。微信社群的出现，弥补了微信在群体传播方面的劣势。同时，微信平台也为微信社群提供了强有力的支撑；朋友圈是微信社群吸引首轮用户的温床；微信公众账号是微信社群用户裂变式增长的关键；微信在移动支付上的布局，也为微信社群提供了强有力的用户变现的技术支撑。这些原因使得微信社群超越百度贴吧、豆瓣小组和QQ群等，支撑起了社群这一概念，成了社交媒体的重要新兴力量。

## 二、微信社群发展面临的困境

社群并不仅仅只是微信群，社群这个概念出现得也比微信要早得多。但是社群在微信时代因为全新的技术手段而重新焕发光彩，伴随着“社群经济”“社群电商”等概念的热度持续上涨，也伴随着微信公众号的推广营销，微信群开始泛滥。微信社群通过各个自媒体人和微信公众号进行推广营销，建立之后，成员之间开始共享信息、交流意见、相互协作。然而，社群并没有想象中那么热闹和成功。无论是学习交流群，资源合作群还是兴趣聚合群，大多数时候除了刚建立的时候热闹三五天，之后往往会走向沉寂。随着时间的推移，社群里出现了越来越多的广告，各种各样的谣言和辟谣文章，鸡汤和反鸡汤，越来越多的人会选择屏蔽群消息，只有在偶尔出现微信红包时才会被激起几分热度。近年来，社群因微信社交红利被引爆，每天有不计其数的社群在诞生。而在此期间诞生的社群里，大部分已经走向了消亡，很多仍然在迷茫，只有极少数的社群找到了适合自己的可继续探索的商业模式。导致这种现象的原因主要有以下几方面。

### （一）微信社群需求定位的模糊

运营者建群的原因往往是：为了构建自己的人脉、为了共同学习提升；为了工作需要；为了卖货，做社群电商；为了宣传推广自己的品牌等。但是人们为了自己的种种利益而去建群的时候，往往忽略了自己能为群成员提供什么？新媒体时代，“用户思维”被反复提及，很多建群者用朋友圈的病毒式营销和红包吸引了一大批人，创建之初充满激情、胸怀伟业、大撒红包，这时候大家积极参与、热情高涨，然而等到活动结束，没有了最开始的热闹，广告增多了，群内既没有能持续引发讨论的话题，也不能提升某方面信息的接触效率，反而会分散自己的注意力，并且要忍受很多的刷屏骚扰。这时候大部分人就会开始选择“屏蔽群消息”，这个群也就死掉了。大多数社群存在的原因并不是为了打发时间，而是为了能满足成员们的某种价值需求。人类是具有趋利避害的本能的，会计算自己的付出和回报是否达到了平衡。所以只有在满足社群成员价值需求的过程中，也给社群建构者带来一些回馈，这才是一个完美自洽的良性循环的社群。因此，我们建群之初的立足点就是如何长期持续满足群成员的各种需求。

### （二）微信社群规模与沟通效率的矛盾

微信群里存在一个现象，当人数在100多人以内的时候，它的无序、扁平化等特点，会使沟通更加顺利，当我们想要联系到一个人时会更加便捷。著名的“邓巴数字”提出：人类智力将允许人类拥有稳定社交网络的人数是148人。而这一定律仿佛在微信社群里依然起着作用。当微信社群的人数超过100多人，我们的沟通成本就反而升高了，而深度交流也更加难以维持。一是个人难从过多的众人中结识自己意向的朋友或交流对象；二是超大容量社群里往往多个话题同时进行，有太多的信息冗余，并且极有可能一些错误信息导致理解偏差；三是人数增多后不可避免地会有成员因广告、虚假信息、求投票等行为而退群；四是群里过多的闲聊，导致群成员将之屏蔽。

### （三）微信社群新鲜感维系的难度

如果一个群长期维持一个状态，成员们必定会觉得无聊。所以一个群想要长期保持一种有声有色的状态即新鲜感的主要来源是：新成员、新话题和新活动。这必然需要社群构建者、专门的管理员或经营者长期持续地进行维护。如果一个群规模超过了100人，但是却没有定期的活动让大家一起交流、协作、讨论的话，群成员难以互相熟悉，难以建立连接，也就会没有归属感和身份认同感。在群里的身份认同感和与其他成员之间建立的情感互动也是使一个成员留下的重要原因，当这一部分东西消失的时候，群成员则很有可能退群。

## 三、微信社群的营销与推广

面对社群定位模糊，社群管理无序，虚假消息泛滥和缺乏新鲜感等致使社群失去活力的症结，在运营微信群的过程中可从以下路径寻求解决方案。

### （一）微信社群目标受众的精准化

微信社群的内容服务以用户的核心需求为基准。根据“马斯洛需求层次理论”可 以明确需求分强弱，也分为主要需求和次要需求。比如抢红包也是一种需求，发广告也是一种需求，但这些都只是一些次要需求，只有抓住核心需求，才有吸引人加群的原动力，才能吸引目标受众（用户）加群。那么对于用户，核心需求主要分为以下几种情况：

第一种扩充自己的人脉圈。社交本质就是为了扩充人脉。每一个人都渴望被连接，任何一个人都会去努力维护自己的人脉关系。而人脉关系又分为两种：

一种是职业人脉。另一种是兴趣人脉。因共同兴趣、爱好、年龄、角色等属性聚集在一起的垂直社群，建立垂直社群，我们可以定期组织话题讨论，还可以选取一些优质的讨论结果整理成文，这种产生的内容也算是群的产出，最重要的是可以给群成员建立一种仪式感，一种情感认同。

第二种是学习成长需求。学习是需要同伴的，在同伴效应的带动下，坚持学习就会变得更加容易。由于这样的原因，一些读书群、考研群、语言学习群就应运而生，但是很多人加这样的群也只是三分钟热度，所以这样的群需要群主制定一些规则，比如定期打卡，同时也可以做一些分享活动，鼓励大家相互打气。

第三种是加深情感联系。这种群大多是现实世界的一种延伸，比如一些同学群，亲戚群。这种群成员们在现实生活中有感情基础。这种感情基础会给成员们提供一种归属感。这样的群多数不用费心思去运营也可以维持很长的一段时间，大家一般也不会选择退群，而建群也只是为了彼此交流更加便捷。所以接下来的讨论中将不会涵盖这种类型。

### （二）微信社群营销推广的多元化

当我们确定了一个群建群的目的之后便是运营的第一步：拉新。这一步比较简单，可以直接拉取微信通讯录好友，此方法比较容易招致朋友的反感；可以通过朋友圈发二维码和微信公众号发布信息，来吸引首批用户，这样更加能够吸引有意愿的目标受众，有效而广泛地吸引第一批有热情的群成员。

### （三）微信社群规则共识的达成

当一个群建立之后，如果大家都随心所欲地说话（灌水），或者长时间不说话（潜水）的话，一个群就难以维持下去，所以一个社群的氛围需要一些管理和规则来维护，使成员能更加积极地参与沟通，这与社群的去中心化并不冲突。当然，管理者并不需要专门制定各种条条框框，其最主要的是要进行一种环境营造。一群之规并不是一定要管理者出面说明不能发广告，不能发红包，必须改名字。更合适的方法是管理者在某个时间聚集起大部分成员，让大家一起来共同讨论，我们应该遵守哪些规则。大家达成共识之后的规则才更容易被大家所遵守。同时一个社群有必要设置门槛，建立一种身份识别，以过滤怀有不良目的的加群人员。比如逻辑思维等微信社群的门槛就是会费。“前橙会”“南极圈”则是采取严格的邀请制，只能是 BAT 离职的成员才能加入。门槛可以是地域区分，可以是回答问题，可以是邀请制，可以是兴趣区分，具体如何设置必然与建群目的挂钩。设置进群门槛，在某种程度上可以提升成员的归属感和荣誉感，同时也是对群成员的一种防骚扰保护。

### （四）微信社群主题活动的常态化

社群最开始都是比较活跃的，如何把这种活跃维持下去就成了关键。人们加群往往是为了情感归宿和价值认同，从这些方面着手，就能给我们做活动提供很好的思路。

**1. 定期话题讨论**

全群持续创造价值是一种维持活跃度最好的方式，也给了成员极大的参与感。好的社群是一个有机整合体，让每一个成员都参与进来才能调动成员的积极性。最常见的组织形式是社群管理者策划好一两个主题，然后和大家商量一个大部分人认同的时间，然后定时和群成员一起针对这个主题进行交流讨论。为了提高成员的参与度，可以给积极发言的成员一些激励，比如发红包，或者最后抽奖等。至于为什么话题讨论要定期定时，一是给了成员一种仪式感，二是最大限度地避免了群成员进程不同步的问题。然后，讨论完毕的时候，组织者可以将优秀的讨论结果总结归纳出来，这会构成一种集体创作的感觉，会增强讨论的氛围，也会给予参与成员一定的荣誉感。

**2. 邀请嘉宾分享互动**

针对群内话题定期邀请嘉宾分享，之前可以通过公众号、微博等进行一些预告推广，这也可以乘机吸引一批新成员加入。同时群内也要做好预热，调动成员积极性。嘉宾的邀请可以根据自身资源，也鼓励从群内挖掘。给每一位成员讲述自己故事的机会，也是一个促进群成员建立深层连接的机会。在每次嘉宾分享活动之前，尽可能将宣传铺开，既可以增加社群知名度，也可以增加商业赞助和广告变现，还可能会得到一些资源对接的机会。

**3. 塑造信任感与参与感**

黎万强在《参与感：小米口碑营销内部手册》中提道：“为了让用户有更深入的体验，小米一开始就让用户参与到产品研发过程中来，包括市场运营。”在用户为产品研发提供反馈和意见的过程中，自然而然就会成为品牌宣传的渠道。所以倘若一个品牌做社群的话，可以定期提供产品免费试用，让成员给予反馈，甚至可以让成员们参与产品命名等活动中来。

4. 适当与线下活动结合

人们在互联网交流哪怕已经很深入了，但是成员互相之间还是会觉得相对陌生和虚拟的，适当的线下活动可以建立成员之间的信任感，也会增强社群成员之间的情感连接。成员之间相互建立了归属感，则更容易留存在群里。

### （五）微信社群成员的身份转化

社群就如同任何其他事物一样，都有一个生命周期。无论运营得多么出色，一个社群在经历萌芽期、生长期、活跃互动期、衰亡期、沉寂期之后，往往也都会走向衰亡。导致群衰亡的原因很多，社群里社群管理者的热心管理难以维持；用户的积极性也难以维持一个很长的时间；随着时间推移，大家的价值观开始有分歧；并且随着时间的增长，这个社群给群友带来的新鲜红利也会流失。所以在一个群走向消亡之前要根据群成员的目的，及时完成群成员的转化。

## 四、微信平台的商业模式解读

商业模式是平台企业业务实现的重要手段，是研究企业发展战略的重要基石，就目前来看，我国互联网平台企业的商业模式主要有：增值服务、移动游戏、移动营销和移动电子商务。下面对四类模式进行逐个分析。

### （一）以增值服务为主体的商业模式

首先，该模式的界定：平台企业能利用现有技术和通讯平台，根据用户的不同需要，通过向用户提供超出技术或通讯平台能力之外的各种服务都被称作平台企业增值服务。以增值服务为主的商业模式就是平台企业利用向客户提供这类增值服务来实现商业利润的商业模式。目前，国内外很多互联网平台都成为这种商业模式的重要基础，比如Facebook、推特、新浪微博、QQ空间、微信等。主要表现为收费服务：收费表情下载、QQ空间扩容、Facebook推广等，这些服务都从一定程度上拓展了平台企业的发展空间。

其次，就目前来看，增值服务为主的商业模式得到了充分的发展，反映在很多方面，比如中国最早提供增值服务的平台类软件——腾讯qq，从最基础的免费通讯到免费升级、QQ空间付费装扮、付费QQ宠物、付费qq特权、会员加速服务、个性化定制服务、QQ空间扩容……这些都证明了在互联网世界，以增值服务为主的商业模式的生命力。根据腾讯2013年第三季度的财报数据显示，增值服务在腾讯的整体营收中占据重要地位，比例约占20.7%。作为腾讯重要发展战略区域，微信 5.0 一经推出，就因为公众号服务和扫码服务得到了广大消费者青睐。此外，微信相比 qq 具有软件小、运行绿色等特点，更适合当今移动互联网发展需求。

第三，更深入地，微信增值服务的服务类型分析如下。

一是以个体用户为主。网络世界中，个体是组成网络的基本单元，几乎所有的互联网平台类企业最初都是采用向个体用户提供增值服务的方式获利的。由于发展时间较为悠久，微信等社交软件在这种商业模式开展过程中技术和成本难度都很低，只是需要关注以下变化。

①付费表情、主题等：虽然目前的微信能够提供付费的表情，但现有的付费表情种类还较少，不能满足个性化的客户需要。随着平台类企业发展日新月异，越来越多的付费主题商店会受到客户的欢迎。

②会员增值服务：互联网对客户关系的分类非常精细，很多平台类企业将客户分类，向不同等级的会员提供价格不同的增值服务。比如逻辑思维，基础会员注册管理都是免费的，只向他们推送逻辑思维基本产品和服务，对于六级客户，公司向其全面推送信息增值服务，包括企业在线管理咨询等。

③内容增值服务：这种服务模式就是不断拓展平台类企业服务的内容，相当于传统企业依据市场需要不断研发推出新产品，新产品既有可能和旧产品有关，也有可能无关。比如爱奇艺，依据 PC 用户和移动用户的不同，就推出不同内容的影视服务内容。喜马拉雅会根据客户需求不同推出移动音乐、小说、讲座等各种内容的增值服务。此外，优酷、360 等平台类企业也采用了这种提供增值服务的方法。从一定意义上说，扩容增值服务的内容，就是增加平台企业生存的必要性，考核平台企业是否有核心竞争力，主要从这个指标入手比较能够说明问题。

二是针对企业用户群体的增值服务。现在很多互联网平台公司在互联网个人用户增值服务商都有着大量的实践，但是真正面对“社群”的增值服务却少之又少，腾讯公司开发的微信作为一款连接人与人的社交平台类软件，可以建立起以“社群”为单位的网络生态系统，各种社群必然存在不同的需求，作为互联网文化传媒的企业就可以依据这个平台开展针对社群的增值服务开发和供应。

需要注意的是，不同类型的企业和社群会有不同的需求差异，下面就根据微信平台企业用户不同类型来分析他们具体的需求。

表 5-1 微信平台类企业用户、需求类型

| 用户类型 | 平台类型 | 需求类型 |
| --- | --- | --- |
| 传统企业、商家、客户 | 公共平台 | 品牌宣传、营销、CRM |
| 媒体、名人 | 公共平台 | 传播资讯、提升影响力 |
| 第三方开发者 | 公共平台、开放平台 | 平台引用及推广 |
| 电子商务 | 公共平台、开放平台 | 购买、平台推广等 |
| 线下商家 | 开放平台 | 品牌宣传、营销、销售等 |

就现状来看，基于微信 7.0 的服务平台主要包括公众平台和开放平台两种，两种平台针对互联网企业和社群的不同需要而开发设计，为了保证安全，目前两种平台都需要认证和监督，不过目前两个平台开发的信息服务产品均为免费。

## （二）以移动营销为主体的商业模式

随着移动通信技术的日益完善，移动电子商务发展迅猛，很多企业开展了微信移动营销的商业模式，所谓该模式就是企业以微信作为平台向客户（个体、企业、社群等）定向和精确地推送个性化、定制化的即时信息，从而为企业进行品牌传播、产品推广等营销服务，并通过这类活动谋取经济利益的善恶模式。

作为最新版微信的基本功能，微信公众平台成为众多商业企业占领网络营销的制高点，由于微博营销模式的不成熟，导致很多企业更愿意将微博营销系统整体迁移到微信公众平台上来，加上微信公众平台具有信息发布种类多、方便维护、增值功能多，满足个性化等要求，使其成为目前企业网络精准化营销的主要平台之一，甚至有些企业将某个产品、某次调研、某个论坛等也注册微信公众号。具体地，微信公众平台具有以下特点。

首先，微信是目前使用最为广泛的即时通信工具之一，作为即时通信工具，信息通信功能贯穿于微信的各大子系统，比如微信公众平台的通讯属性就比较强烈，这种中群体的通讯属性强化在客户看来就有着非常强的媒体属性，这对保证微信公众平台的权威性、客户信任度等都有很大帮助。同时，微信媒体属性也弱化了营销信息的商业性对微信客户带来的伤害。

其次，微博传播主要以“一对多”的明星效应为主，比如很多网红、名人大咖等的“大 V”在微博上的带动效应，这种平台更适合作为社交信息的传播渠道，但微信主要提倡“一对一”信息传播方式，这里的一主要是指一个人、一个群组、一个社群等，更方便有着共同爱好或需求的人之间进行信息交流，因此微信公众平台更适合进行商业化运作。

第三，目前微信将公众订阅号在公众平台上设为二级菜单的目的就是为了控制和制约企业或者个体在平台中信息传播的权限，这虽然限制了微信公众号的信息推送速度，却在一定程度上规范了商业信息的发布，让客户体会到公众平台不仅仅是商业平台，更是社交平台，反而提升了客户的忠诚度。

所以，微信作为一款即时通信软件，不仅仅能将商业化运作模式应用上去，帮助企业进行网络营销，而且该平台还具有社交功能，可以很好地将销售前信息推送、销售中信息交流、销售后服务在线提供、客户调查、客户关系管理等营销多方面内容整合在一起。目前企业面临的主要问题就是如何打造一个既不影响个人及用户社交需要，又能向其提供及时准确的商业信息，进行品牌推广等营销活动，也就是每个企业应该依据现有的企业特质打造一个能帮用户群体达成营销目的的服务机制和商业平台。

### （三）以移动游戏为主体的商业模式

微信游戏开发为中心，开展相应的商业运行模式，通过进行游戏开发，为用户提供相关服务，从而获取一定的收益和利润。

随着经济社会的不断发展变化，人们对手机游戏，网络游戏的要求也逐渐增高，微信抓住这一市场需求，及时开展游戏业务，根据通信公司的相关财报，游戏业务占到了腾讯总营收额到很大一部分，也实现同比增长，在这些营销收入中，微信网络游戏则是主要力量，根据相关研究，报告显示在2020年第二季度，微信游戏营收额约占到了 1 149 亿元，微信在游戏方面，也不断开发，不断满足消费者需求，目前，消费者越来越青睐大型游戏，因此，这也是微信游戏开发的重点之一。

### （四）以移动电子商务为主体的商业模式

所谓以移动电子商务为主体的商业模式，就是通过微信作为商业信息媒介，为各种企业进行线上交易提供支持服务及技术，并从中获利的商业模式，该模式的重点是保证交易的双方或多方实现线上交易，包括线上洽谈、线上咨询、线上合同签订、线上订货、线上支付、线上物流查询、线上呼叫中心等子功能。具体地，该模式包括以下几种形式。

#### 1. 移动支付 O2O 平台

通过不断构建线下与线上商沟通合作渠道，构建紧密联系，增加用户使用过程中的互动感，直接带来客户吸引力，从而促进用户消费，在这种模式下，线上交易与线下交易完美融合，类似于O2O模式，在电子商务及游戏发展速度迅猛的当今，依托传统的单纯支付已不能适应市场需求，需要不断整合信息，社交以及线上线下平台，构建出一个立体化的，系统化的O2O模式运营平台。

有别于传统的电子商务模式，采取新型O2O模式，能够将线上线下销售优势充分结合，线上展示相关信息，并负责收取费用，剩下则可供消费者进行实体体验，在整个过程中，消费者能够充分把握支付信息个人信息以及各类商品信息等，作出有效判断，商户也能及时利用相关数据构建数据库，为客户提供更好服务，并获取更高收益，此外，通过对数据的进一步分析和整合，运用相关技术，还能够帮助商户解决用户需要什么，用户处于什么位置，等等问题，而查找商户，查找附近的人等功能，更能够帮助消费者及时到了解相关信息和商品信息，微信能够帮助商户更好地为产品作出推广，也能够深入研究消费者等相关消费习惯。从而帮助商户更好地为消费者提供服务。

**2. 电子商务 B2C 和 B2C 平台**

自从微信诞生以来，就在B2C（企业到消费者）模式上进行过大量探索，比如从支付、钱包功能模块下增加在线购物功能，不仅将电子商务平台和微信平台很好融合，而且还将京东商城、苏宁易购等国内大型电商的销售平台与微信连接起来。这种做法为更多的商业企业提供了思路，如果将自己的电商平台通过与微信建立关联，并通过公众平台不断维系客户，这样就可以把整个商务过程全部嫁接到微信中，这种策略对于中小企业来说不失为一种好办法。

## 第三节　社群经济时代微信社群营销的策略

### 一、微信媒介的营销模式

#### （一）收费服务模式

新媒体多数是商业网站，身为企业，实现盈利才是其根本目标。过去的商业网站赢利的模式大多是“免费使用＋网络广告”的形式，但是，对于多数网站来说，这一模式虽然便利，但却很难为企业带来盈利，由此带来的网站亏损的例子比比皆是，许多知名高、访问量大的网站也是如此；雅虎 2002 年第一季净亏损 5 360 万美元；而我国的电子商务网站市场也是略显低迷，除去阿里巴巴、环球资源等少数几个年收入超过 1.5 亿元的龙头企业之外，B2B 行业网站2006年的平均收入仅有530万元，其中65.17%的行业网站年收入低于200万元。

由此可见，“免费使用+网络广告”的模式已经不适用于新媒体的发展。而在腾讯公司推出的服务中，我们经常会看到“增值服务”。所谓增值服务，大多是指以互联网为媒介，通过互联网的除域名注册及虚拟主机等基本服务以外的服务。简单来说，就是利用网络社区搭建一个用户间沟通和互动的平台，激发用户的娱乐需求和自我展示的需求，进而为有需求的用户提供各类通过办理会员付费才能够获得的一系列个性化服务。换言之，增值服务是一种收费服务。

近年来，互联网增值业务发展势头增强。它们依托大数据与强大的即时通信平台，及时和准确地把握了用户需求，获得了用户的高度认知。拥有互联网活跃且规模庞大的用户群，增值业务表现出来其他传统媒介所不具备的极强的互动性，成为近些年媒介市场重视的、发展迅猛的新型互动平台。

我们以腾讯QQ为例。腾讯的互联网增值业务同样是基于即时通信平台，一种说法认为网络广告是指在互联网站上发布的以数字代码为载体的各种经营类广告。主要包括VIP特权、虚拟的个性卡通形象、个人网络空间、网络音乐等。

不可否认的是，用户创造价值。深度开发增值服务较为活跃的网络社区平台，构建中国互联网互动营销的新模式，是现在各大互联网企业媒介营销的首要目标。自2007年起，腾讯公司的互联网增值服务便超越了广告收入和移动电信服务的收入，占到了总收入的65.6%，创造了网络公司持续盈利的经营模式。通过对此种模式的借鉴，微信的增值服务就有了参考模式。不过，现阶段微信的增值服务还在起步发展当中，目前的增值服务收费项目主要是表情、游戏类。随着移动技术的发展以及产品本身定位有所突破，微信增值服务的发展依然有很大的进步空间。

微信的用户增值服务模式主要分为三大类，其中包括表情包付费、游戏的道具付费和其他内容增值服务。微信表情包大致分为免费表情、付费表情和用户自定义表情三种，也就是说，部分表情包是需要用户支付一定的费用才可以使用的。微信游戏是微信营销模式中的重要组成部分之一，共分为角色类、竞技类、动作类、休闲类和棋牌类共五大种类。截至2016年12月，微信已经开发出96款游戏，以供用户根据自身偏好进行选择。下载游戏是不收取费用的，但是游戏中的道具、角色等，有一部分是需要用户支付费用的，用户若是想要更进一步体验游戏就需要进行消费。而相比之下，其他内容增值服务的发展潜能要更广阔一些。

早在2003年，腾讯公司就涉足了网络互动娱乐业务，发布了“QQ游戏”，在接下来的时间里陆续推出了QQ堂、QQ宠物、穿越火线等多款游戏，玩家数量猛增。在开放性的发展模式下，腾讯采用自主研发、代理合作、联合运营三者相结合的方式，在多个领域形成有针对性的精确市场布局并取得良好的市场业绩。游戏的增值服务为腾讯带来不少盈利，根据2009年的Q2财报显示，腾讯游戏以收入12.410亿元人民币，跃居同年网游行业第一名。如今，腾讯游戏已成为腾讯四大网络平台之一，同时也是我国最大的网络游戏社区。

微信面世之后，腾讯公司加快脚步着手研发了多款不同类别的游戏。一方面游戏的增值服务可以带来盈利；另一方面，用户通过游戏来满足娱乐的需求，虽然在用户数量上游戏并不能起到很大的提升作用，但在增强用户黏度、满足用户需求方面却起到了至关重要的作用。因此，微信游戏的开发在营销上可谓是“双赢”。

实际上，我们也可以利用“使用与满足”理论来解读媒介营销中的增值服务。用户选择了自己想要的表情并支付费用，使用表情用户便可以在与好友的交流中更好地表达情感，满足沟通的需求；用户在游戏中为某一款游戏的增值服务付了费，满足了娱乐需求等等。同时，用户的支付行为会对微信形成一种反馈，这种反馈体现在大数据中，可以使微信在对增值服务的开发上根据用户的偏好有所侧重，为用户带来进一步的使用体验。当然，这一过程也为微信带来了盈利，是一种逐步提升的营销策略。

## （二）电子商务模式

目前我们所熟知的新媒体电子商务营销模式有很多，无论是亚马逊、eBay还是阿里巴巴，电子商务已经融入我们的日常生活中并扮演了重要的角色。微信的营销模式也汲取了电子商务的成功经验，与用户和第三方企业平台建立了线上线下全方位的服务关系。

### 1.O2O电子商务的媒介营销

二战之后，世界进入经济全球化时代，与经济全球化一同来临的是更加具有“契约精神”的商业化社会。O2O概念的提出是在2011年8月，同年11月被引入我国。概念的提出者兰佩尔（Alex Rampell）将O2O商务的核心定义为“在网上寻找消费者，然后将他们带到现实的商店中”，事实上“是支付模式和线下门店客流量的一种结合，实现线下的购买”。下当然，对于飞速发展的电子商务的营销模式来说这个定义可能变得不那么准确，但是其核心依然如此，O2O 商务本身依然是面向受众消费的生活领域，只是将这一领域的消费逐渐网络化而已。

如今，随着微信媒介营销模式的建立与完善，越来越多的企业开始注意到微信这一营销平台，利用微信投放广告进行推广。相比新浪微博，微信有着更加得天独厚的优势：来自微博的信息往往要更加庞杂、更加碎片化，而信息的传播要更加公开化，受众面更广，并不利于归类于定位用户，进行精准的广告投放；而微信相比微博私密性更强，更利于利用大数据进行受众群体的划分，使企业的广告投放更加高效精准。

事实上，在我们的认知中的 O2O 大致分为“线上”和“线下”两个方面，O2O 的社会化营销所注重的就是线上线下中内容与流量的相互投射，只要将内容与流量准确对应起来，就说明营销取得了一定的成效，随之产生的便是利益价值。因此，为线上线下提供中介渠道的平台便成了媒介营销中除内容和流量之外的另一个重要因素。

**2.O2O 营销要素解读**

对于第三方企业来说，微信带来的商机是不可限量的，只要是微信的使用者，都可能成为潜在的客户。O2O 媒介营销模式所包含的要素大致分为信息的传受双方、提供平台的媒介、信息内容，以及用户对于内容的反馈。自媒体时代下的传受双方并不存在从前那么明确的划分界限，信息的传播与接收是发生在每个用户身上的。

O2O 的本质是一种连接，与以往的连接主体不同，O2O 连接的是用户与服务。如果用线性模式分析来看，微信是商家发掘广大用户群体的渠道，用户通过微信平台接触到商家获取商品信息，在完成交易之后，微信从中赚取交易额的一部分，其余的金额返给商家，用户在经过之前的一系列流程之后确定用户体验，再经由微信将体验反馈回商家，由此实现一个主体闭合的线性循环模式。

O2O 模式的亮点在于受众的反馈，大多数情况下反馈都是以线上评论的形式出现，实际上是整个营销过程的最终一环。受众以评论的形式将用户体验分享给更多的用户，微信平台从而能够进一步提高用户体验度和用户黏度。

**3. 解读以微信为平台的企业营销**

在市场竞争日趋激烈的今天，营销结果的好坏不仅仅取决于营销模式是否完善，营销策略是否适合于营销模式，营销渠道是否能够最大程度地与受众群体相衔接，都是第三方企业与营销平台需要考虑的问题。

微信与许多第三方企业品牌都建立了合作关系。在微信界面点击“钱包”选项，不仅可以使用支付功能——扫描二维码或向他人转账、充值缴费等，还能够直接连接第三方服务，滴滴出行、美团外卖、大众点评、京东以及票务与酒店的预订等。以京东为例，京东是腾讯公司在电商领域的重点合作对象之一，主要目的是打破阿里巴巴在O2O行业一家独大的垄断局面。同时，微信对电商业务不再自营，而是借助京东更完善的物流系统和正品口碑，在电商领域占有一席之地。腾讯为京东提供了便利的入口资源，手机QQ与微信都在页面二级Tab中加入了一个购物入口，点击之后即可跳转到京东web页面，为微信与京东同时增加流量。微信的社交属性是口碑营销的优质平台，京东与腾讯微信的合作在一定程度上使京东打开频率提升，将微信用户引流到京东，提升京东的活跃用户，提高重复购买率。

## （三）网络广告模式

首先我们应该明确一个定义：什么是网络广告。美国的传媒研究专家霍金斯对网络广告的定义是：网络广告即电子广告，是利用电子信息服务将广告传播给消费者。事实上，通常情况下我们对于网络广告的定义是“在互联网上传播、发布的广告”，它的形式、特点及收费模式等方面与传统媒体发布的广告形式有很大的差别。

与报纸、杂志、电视、广播等媒介平台的广告相比，网络广告具有互动性与主动性强、实时性高、针对性强、传播范围广、可准确统计受众数量形式多样等特点，因此备受广告商青睐。

2015年年初，微信在其更新的6.1版本中加入了朋友圈广告，微信用户在浏览朋友圈时在好友动态中会看到第三方企业机构的图片与文字广告。事实上我们可以看出，与其他铺天盖地的广告发放不同，朋友圈广告出现的频率也并没有那么频繁，甚至不是每天都能够看到，有限的投放量看似并没有达到效果，其实不然。用户在微信朋友圈中看到的广告实际上是基于大数据分析的结果。所谓大数据，数字营销专家拉里·韦伯在《社会消费网络营销》一书中作出了解释：“大数据包括企业信息化的用户交易，社会化媒体中的用户行为、关系以及无线互联网中的地理位置数据。”由此可见，大数据主要用于获取用户的信息。微信针对用户绑定银行卡的交易记录、基于用户常用的地理位置或是对平时聊天内容甚至是使用频率比较高的关键字来分析用户的消费水平、可能感兴趣的产品和周边的第三方企业等。

微信朋友圈的广告与传统媒体的广告二次销售相类似：在第一次销售中受众通过报纸或杂志来获得信息，而第二次销售指的是受众在浏览信息时会有意无意的注意到广告信息，也就是说媒介把受众的注意力售卖给了广告商，实现广告的投放。实际上，大数据对于整个媒介商业市场的渗透影响着许多企业的营销策略，越来越多的商家开始挖掘用户的信息，分析用户的需求，把用户变成消费者。身处智能媒体时代，对什么人、什么话题感兴趣、与什么人交往互动，这些数据的挖掘使得新媒体更加具有商业价值。与此同时，以微信为代表的新媒体挖掘大数据的价值在于不仅能够提供用户所需要的信息，还能够为用户过滤掉不需要的内容，实现用户与信息的精准对接。

当然，传统媒体这种“广告二次售卖”虽是一种行之有效的方法，但相比微信朋友圈广告来说并不算高效。通常情况下受众在浏览完想要的信息后便不会再多留意其他信息，因此在传统媒体上有些广告并没有起到它应有的作用，被忽略的概率比较大。而微信朋友圈广告则是基于数据分析，一定程度上减缓了受众对广告的排斥心理，更容易接受广告内容，而企业也更加倾向于选择达到率更高、成本更低的新媒体广告平台。

## （四）搜索引擎模式

微信公众账号的推送营销实际上是微信的另一种营销模式——搜索引擎模式。与其他三种形式相比，微信的公众平台可以说是一种高质量的自媒体推送服务，将信息资源加以整理和组织，按照用户需求，基于关键字来匹配的信息检索内容。

### 1. 微信公众号与“注意力经济”

早在1997年12月，一位名叫迈克尔戈德哈伯的美国学者在著名杂志《Hot Wired》中发表了一篇名为《注意力购买》的文章，并提出了“注意力经济”的概念：网络时代的信息并不是稀缺资源，与之相反，科技发展带来的结果是信息过剩；而相对于过剩的信息，真正稀缺的资源是人们的注意力。换言之，信息带来财富的时代已经过去，如今真正能带来盈利的是稀缺的注意力资源。20世纪60年代，麦克卢汉也对“注意力经济”有了一个模糊的介绍，他认为电视台实际上是在“不动声色地‘租用’我们的眼睛和耳朵做生意”。为了尽可能多地“租用”到受众的眼睛和耳朵，电视台通过制作精彩节目来吸引受众提升收视率，这造成了观众在“免费收看”电视节目的表象。事实上，电视台是通过“隐性收费”来盈利的。观众们的注意力实际上是一种隐形的资源，电视台将这种资源高价销售给急需这一资源的广告商，受众观看广告之后将注意力转化为购买力，对商品的消费中有一部分支出是由电视节目带来的，其对节目的关注等同于交了电视节目的“费用”。在这个信息爆炸的时代，无论是传统媒体还是新媒体，谁能够最大程度吸引受众的注意力，那么谁就首先在媒介营销之战中就赢得了第一场胜利。

自媒体环境下，信息的发布者不一定是某一领域的权威人士，高度碎片化的信息和非权威的信源使得本就稀缺的注意力资源更加分散。网络时代为背景，通常情况下我们快速获取信息的主要渠道是百度等搜索引擎，只要输入关键字便有大量未经过滤的庞杂的信息涌现到我们眼前，我们需要从中反复浏览筛选以获得最有效的信息。相比之下，微信公众平台要更加高效。首先，每个微信公众号都有自己的属性，即在一定的领域范围内，发布的内容主题相似，实际上是一种对信息的整合与归纳，这样受众想要获取某一特定主题的信息就要方便许多；其次，创建微信公众号需要创建者手持身份证件拍照，这说明发布在微信公众平台上的信息会有创建者来承担法律责任，因此即使是自媒体，微信公众平台也是相对可靠的信源。

**2. 微信公众平台对于第三方企业的作用**

很多企业，尤其是传统企业，创立微信公众号的目的就是“打广告”，把微信公众平台当作打通网络的桥梁。很多商家会定期推送一些产品信息给用户，但是这样单方向的推送很难取得病毒式传播的效果，往往都是在做无用功。

归根结底，这些企业大多是跟风设立微信公众平台，平移老旧的营销思维，把微信公众号当作广告展板，没有做到把用户、平台、服务和目标真正统一起来，也没有从微信公众号的优势和社交网络的优势上去思考微信公众平台对于第三方企业来说到底有着什么样的价值。

我们都知道无论什么样的企业，其创办与发展的最终目标就是要盈利，盈利的过程中企业需要对与消费者需要做两件事，一是制造商品满足消费者需求，这是由产品部门负责的；二是售卖货品传递信息，这部分是由市场、销售等部门负责的。前者是“产品价值”，后者是“媒体价值”。对于微信公众平台的运营者来说，公众平台的信息推送也是相当于“产品”一样的存在，很多企业运营公众号的失败案例往往是因为企业把平台当作是一种营销手段或者简单的发声渠道，甚至办成了“企业内刊”，缺乏内容价值，浏览量也会减小。信息传播产生效用的前提在于互动性，同时互动性也是微信公众平台进行营销的一大优势，优秀的公众号可以满足别人具体的需求，具有产品价值。所以微信公众平台的运营者需要将媒体产品化——让媒体具备产品属性，可以满足需求，才能真正做到让微信公众平台对企业的营销产生积极作用。

2012 年，程冬峰创立了自媒体网站“云科技”，并于 2013 年年初宣布向业界推出微信广告业务：以图片＋连接的形式将广告负载公众号和网站所发布的文章的末尾，媒体发布 1 ～ 2 篇文章，报价过万，在不到两个月的时间里就凭借广告获得了 13 万元的收入。“云科技”的成功不仅源于创始人程冬峰独特新颖的视角和合理的分析判断，还有更重要的两点：流量与内容。“云科技”在微信、微博等各大平台上的订阅用户总量超过了 100 万，其中高端客户数量超过 4 万；在内容方面，“云科技”以独特的互联网思维为用户提供最新的行业资讯和高质量的内容，吸引大量的业内主流人士关注，因此众多商家都愿意与“云科技”进行合作。很多时候产品本身就是最大的自媒体，可以提供内容，带动流量和销量，甚至可以引发传播。

## 二、微信社群营销的策略反思

### （一）对媒介平台进行限制整顿

网络时代的到来加速了媒介的更新换代，这对于媒介营销来说各有利弊，但是单从近几年的营销环境来看，实际上是非常艰难的。首先，自媒体平台的开放性拉低了媒介营销的门槛，人人都可以利用这一平台，因此导致了“微商”的泛滥，而经济下行带来的压力使市场容量和消费者的购买力、购买意愿全盘走低，不可避免地带来产品过剩的现象。

其次，多种传播渠道和开放媒介平台导致了信息碎片化，权威资源的地位不再，单一的媒介平台曝光率也在逐步下降，注意力资源被分流，电视、电脑、手机、电梯、地铁、机场、商圈营销广告随处可见。

再次，受众是被服务越来越完善的媒介“宠坏”的一批人，更多的时候 O2O 除了拼产品外更要拼服务，把价格压到最低，如各大外卖 APP，出行类 APP，不仅可以使用代金券，新用户第一单甚至可以免单，这样才能够有机会赚取流量。价格低廉成本却依然居高不下，利润就变得非常微薄，如果为了盈利而压缩成本，那么发展的机会就更加渺茫了。

因此对媒介平台进行限制整顿，改善媒介营销环境势在必行。除此之外利用媒介平台做营销应该将时间价值、技术价值、资源价值、平台价值的效用发挥到最大，努力将产品做好。

## （二）对用户群体进行精准定位

在传统行业发展的早期，企业对于用户的划分定位是不明确的，大多数企业都是在做粗放型的大众产品。网络的发展过程也很类似，早期的互联网大多都是“门户网站”，涵盖了任何类型的信息，不讲什么产品目标用户、受众定位的。但如今传统营销领域竞争激烈，做大众产品越来越艰难，门户网站的巨头已经将市场发展饱和，从特定受众群体的小市场切入，迭代优化，逐步做大的方式要更为明智。精准的用户定位有助于企业形成令人印象深刻的品牌形象，为受众提供更完善的服务，垄断一小部分市场。

清晰的产品，都有清晰的用户。根据用户的特征来对用户进行精准的定位，例如年龄、性别、收入情况等；同时，分析用户的喜好偏向，例如兴趣类别等，可以综合的归纳出目标用户。也就是产品的“彼”，从而知己知彼百战不殆。举个小米手机的例子：在细分市场方面，小米通过对市场的调研，首先将消费群体进行年龄划分，把消费主力群体的年龄界定在 25 ～ 35 岁。这个年龄段的人群大多数经济独立，处于事业上升阶段，对新鲜事物的接受程度也较其他年龄层高一些，消费观念比较强，乐于尝试。但是，这个数量庞大的消费群体并没有成为小米真正的目标群体，在这个基础上小米继续将其细化，找到每天接触手机时间长、将手机作为工具使用的群体，那就是手机的发烧友。之所以选择这个群体，是因为他们代表最为先进的消费观，对其他消费群体有示范作用，他们能够带来规模更大的群体性消费行为。

相比其他产品，微信社交媒介的角色更容易做到受众群体的定位和划分，在营销上也更有优势。

## （三）完善第三方广告主的管理系统（CRM 系统）

CRM 是 Customer Relationship Management 的缩写，即客户关系管理。它是一种商业策略，是用来检视客户和销售之间关系的一种策略。社交化 CRM 的理念是为公司和顾客带来双赢的商业关系，它按照客户的分类情况有效地组织企业资源，无论是经营行为方面还是业务流程方面都要求以客户为核心，并以此为理念，提高企业盈利能力以及顾客满意度。

CRM 系统中很重要的一点就是将销售环节中的销售行为转发为可量化的数据，供领导层预测与决策。如果想要成功实施这套管理模式，必须有强大的技术和工具支持。微信平台是集社交平台、媒介平台、服务平台、通信平台等于一身的综合类社交平台，功能要更加强大，比传统的 E-mail、短信、语音对讲等更具优势，具有实时在线、一对一、成本低、效率高的特征，是理想的 CRM 工具。

微信平台的 CRM 工具功能也是在不断发展的：开放语音识别接口能够提升微信公众平台企业客服的工作效率；CRM 接口的开放使越来越多的商家在客户管理、产品营销、意见反馈方面提供更强大的第三方技术支撑。想要在营销中将效用发挥到最大化，微信要更加完善 CRM 系统，平衡好用户与企业间的关系。

### （四）提高信息质量与服务质量

好的产品首先是以“用户为王”的理念来服务受众的。把握核心用户，培养忠实用户才能有机会在口碑营销中占据有利的位置。将用户与产品深度绑定，同时又要给用户高度的自由选择权，在满足用户对产品的基本需求的同时也要满足用户的情感诉求，注重细节，都能够使用户对产品产生依赖，甚至将非刚性需求转化为日常生活中的习惯。微信对于营销类信息的传播并没有一个严格的把关，信息质量自然不会太高；从服务质量上来说，微信的营销涵盖了海量的企业与产品，导致服务质量参差不齐。忠实用户的培养不仅仅是指微信用户，从媒介营销的角度来说微信只是为第三方企业提供了营销的平台，虽然对于第三方企业微信用户就是潜在的客户，但最终的营销效果是需要微信平台与企业共同努力的。

# 第六章　社群经济时代 QQ 平台的营销策略

在中国，每一台互联网上的电脑里，一般会都有一只小企鹅，这只企鹅，就是腾讯公司开发的 QQ 软件。今天的 QQ 已经不再是一个普通的软件，它成为了一个符号、一个象征，成了一种生活方式。本章分为腾讯 QQ 的社群功能应用、社群经济时代 QQ 社群营销的策略两部分。

## 第一节　腾讯 QQ 的社群功能应用

### 一、QQ 群：快速聚拢更多新用户

对于社群营销而言，QQ 群是理想的营销圈子，群内往往聚集着有共同爱好、共同需求、同一行业的人，并且通过 QQ 群，用户与用户之间可以即时沟通，也可单独聊天，因为 QQ 群具有话题集中的特性，所以 QQ 群已经成为一个非常好的社群营销平台，下面就从以下几方面来了解 QQ 群的社群营销技巧，如图 6-1 所示。

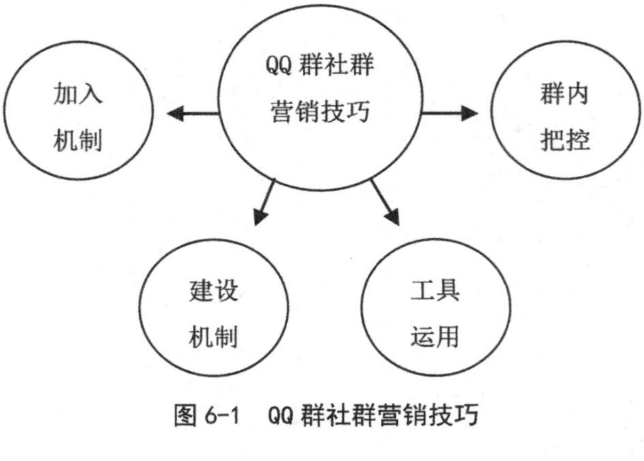


图 6-1　QQ 群社群营销技巧

## （一）加入机制

在生活中，人们加入 QQ 群有以下两种方式：主动式、被动式。

通常而言，主动式居多，主动式是指人们自己看到宣传或者利用群搜索功能加入；被动式是指突然接到一个群消息，将人们加入群里，只要个人同意，则会立即进入群圈子里，与群里的成员交流。

对于企业而言，想要被别人拉进 QQ 群，就需在某个圈子内的名气较大，这样被动加入的机会比较多，一个群里拥有越多的名人，大家越更愿意留下。

并且企业要用 QQ 开展社群营销，必须掌握加群技巧，有群可加才能为 QQ 社群营销增加销售对象和社群营销平台，并且企业应该想方设法进入人气高的群，因为这种群的人群质量比较高，便于运行社群营销。

当企业运用 QQ 群来做社群营销时，第一步就是加群，在这里介绍几种可以获得 QQ 群的途径：通过朋友或同事的介绍；在一些网站、论坛等媒介上寻找推荐群；企业可以直接在 QQ 进行搜寻。

例如，企业是减肥行业，则可以在 QQ 界面上点击“查找”按钮，然后输入群号码或关键词，点击“查找”按钮，就会出现相关行业的群，企业还可以按照“同城”或“热门”等条件进行筛选。

企业最好按照活跃度来选择要加入的群，因为很多人数多的群一般发言的人很少，而且有时可能几天都没有人发言，而活跃度高的群，就不用说了，其一定具有很高的发言率，且人数也不会很少，对企业进行推广是相当有利的，接下来就来介绍建立 QQ 社群的技巧。

①企业需要对 QQ 群的规则加以了解，并且还要对 QQ 等级与对应可加的群数量加以了解，如表 6-1 所示。

表 6-1　QQ 等级与对应可加的群数量

| QQ 等级 | 好友上限人数 | QQ 等级 | 好友上限人数 |
|---|---|---|---|
| 0 ～ 15 | 500 | 28 ～ 31 | 700 |
| 16 ～ 19 | 500 | 32 ～ 47 | 800 |
| 20 ～ 23 | 600 | 48 级以上 | 900 |
| 24 ～ 27 | 650 | | |

②很多企业追求所谓的效率，直接忽略加群的验证信息，为了更容易获得群主和管理员通过，加群的请求语一定要认真填写，千万不要留空，这样才能显得比较有诚意。

③大多数群成员都讨厌发广告的人，并且群主或管理员会留意昵称和个性签名带广告宣传性质的词句，若带有广告性质的，则不会同意加入。所以在加群时，应该临时改一下昵称和个性签名，去掉广告气息。

④很多群都会有意识地控制群成员的质量，因而在审核加群申请的时候，个人资料是一个重要的参考。一片空白的个人资料难以引人注意，而个人资料用乱七八糟的内容，会让人觉得是非主流等，这些都很容易导致群主或是管理员拒绝其加入群。

⑤在群主批准人群后，企业首先需要报到，介绍一下自己的姓名、业务、联系方式等，填写的信息要尽量诚恳，除此之外，看看是不是要改群名片，如果需要的话马上改，企业还可以根据群成员名片的风格，设置一下自己的群名片，尽可能在群名片中把自己的姓名、业务、联系方式、公司介绍等填写准确。

⑥进群后要优化群名片，因为这里面涉及一个排名靠前靠后的问题。大多数情况下，很多活跃群都会踢出刚进群却不按群规发言或者长期潜水的账号，所以新进群要注意发言，不要发违反群规的话题，更不要刚进群就狂发广告，很多群不允许发广告，但混熟了，偶尔发发也是可以的。

⑦企业进群后除了设置群名片外，还可以看一下群之前的聊天记录、共享文件、群活动，这样对群会有比较初步的了解。对于商家而言，进群很重要的一步是获取一些群的信息，这样对自己的专业及业务开展都有好处。企业可以把群通讯录，分类整理到自己系列表中，或下载群共享里面对自己有用的资料，还可以从历史聊天记录中寻找与自己业务相关的群成员。

⑧对群进行一段时间的观察，看看经常有哪些人在里面聊天，然后专门针对他们推出产品或者服务。

⑨在企业充分了解群特点、群主特点以及与群内成员，并成为朋友后，根据情况可以发布一些推广信息，一般方法有4种，如表6-2所示。

表6-2 4种推广方法

| 方法 | 好友上限人数 |
|---|---|
| 建立群讨论组 | 讨论组里面最好不要有群主或管理员，也不能直接发广告，可以先和大家套近乎或发软文 |
| 发群邮件 | 发群邮件不要是纯广告形式，最好是软文和联系方式并存 |
| 给群成员单独发信息 | 单独发信息广告性质可以明显一点，但是也要客气 |
| QQ群发 | 群发选项里面发送速度设置成“普通或更慢”，尽量不要无限快速发送，并且发送的字数不宜过多，特别是对群内成员发送时，发送速度设置为最慢 |

发送的消息里面尽量不要带网址，因为腾讯有专门针对网址的算法，一旦发送的次数超过一定数量就直接屏蔽。

企业群发的内容需要多样化，添加大量不同类型的广告语，以图片和文字的形式混合发送，尽量经常修改发送的消息内容，并且进行更新，这样才能模拟聊天，达到更好的效果。

广告本着少而精的原则，每天只发一次，广告要做得吸引眼球，不要打几个文字就发出去，做些小符号在上面，做得漂亮些，让人看出是广告也舍不得删除，时常变换广告内容和样式，给人一种新鲜的感觉。

⑩不要滥发推广信息，滥发只能招致群成员举报，被踢出群甚至被腾讯锁定或封号。找群要找对行类，加群要加有影响力的活跃群。

⑪腾讯为了用户账户安全等原因，用户每天加群加好友等操作，都是有次数限制的，也有频率限制，超过了限制，不但操作无效费力，甚至还有可能被封禁 IP 和锁定账号。

⑫企业要精准用户群体，对目标顾客进行分析，分析这些人会在什么样的群里交流，然后用 QQ 群按照关键字提取，或者按照相关条件提取。

例如，企业是卖面膜的，那么就需要去搜索美容、女人、女士、面膜、化妆品等词汇，因为面膜女性用得比较多的群，但如果企业是专门卖男士用品的精准群的效果好。而这些搜索词能连接到不少女人聚集去加这些群，社群营销效果就没有加

⑬选择好群会对 QQ 社群营销产生直接的有效作用，在选择可加入的群的时候，要切记以下性质的群不要加。

⑭在群里发言虽然理论上群成员都可以看到，但有时信息太多容易被淹没，这就要注意群成员间直接的沟通。企业在遇到与自己业务相关的潜在客户、供应商、行家高手、热心且人际关系广的群成员等最好的方式是申请加为好友，然后利用私下点对点的沟通、群里组织的活动、甚至跟对方私下约会等方式进一步互相认识。

## （二）建设机制

尽管加入群是 QQ 社群营销的捷径，但是 QQ 社群营销要实现最好的营销效果就必须靠自己，只有建群才能直接掌控群主享有的特权，那么如何建群呢？接下来介绍建立 QQ 社群的技巧。

①按照产品定位对象，比如说要对服装进行营销的话，首先定位好营销对象，分析他们的购买能力，确定人群的活动时间。

②企业应尽量多建200人，500人的高级群。建议开通QQ会员功能，因为一个会员可以额外多建4个500人的群。另外，级别较高的QQ号也可以添加更多的500人群。

③选择合适的群类型，目前“兴趣群”拥有10种群分类可以选择，企业可以创建行业交流群或者品牌产品群。

④ QQ群的名字代表着群的定位，起名字的时候可以考虑以下3点：优化名字，包含搜索关键字；群名称一定要符合推广的网站的定位，针对目标人群；群名要有特点，这样容易让人记住，印象深刻，最好包含一个标志性词汇。

⑤ QQ会员可以享受更多的政策，可以多建群，可以建高级群和超级群，人多才活跃，社群用户的黏性才高。

⑥作为一个网络社群，QQ群也应该有自己的社群规则，必须对成员作出相应的规则约束。社群群规是建立QQ群的群主以及相关的群管理员（由群主任命）对QQ群制定的相关规定，目的在于确保群内的活跃度以及群成员和谐交流，另外也是规范群内成员的言谈举止的重要途径。

⑦管理员的作用是活跃群，积极与社群成员进行交流，及时掌握社群成员的动态，并且负责网站推广的操作，包括网站的活动，网站的打折信息，网站的红包发放等，管理员是维持群和谐有序进行的核心人物。

⑧不管是管理员还是群成员，企业都要看他们在群里的表现，要及时地清理不活跃的会员和做广告的人，还有一些在里面捣乱的人。同时，还要注意群内的男女成员比例，这样才能进行精准的社群营销。

⑨只有QQ群有一定的活跃度，社群内的成员才会喜欢群，才会对群产生归属感，这时候企业在群里进行推广，群成员才不会觉得反感，甚至有时还会持支持的态度。

## （三）群内把控

### 1. 长期互动

企业不管是在自己的群里，还是在别人的群里，都可以定期组织相关话题讨论，长期与社群成员互动，让社群成员形成习惯。

开展话题讨论要天时地利人和，大家都比较空闲的时间就是天时，QQ群就是地利，人和则需看话题的组织者的主持能力，组织者心中要有“墨”，为人随和中立，主持不仅要懂得带动人气，还要能调节群众情绪，控制得住场面，这样才能使社群活跃起来，只有一个活跃的社群才能增加营销成功的概率。

**2. 按照群的定位进行活动方式**

按照群的定位进行活动方式，例如，学习群可以做讨论、培训形式；产品群可以定期提供活动推广产品；服务群则可以提供服务资讯；交友群则需要创造良好的交友氛围。

**3. 维护社群成员以及社群质量**

企业为快速聚拢更多的新用户，在群上难免会出现竞争者，不相关的广告发布者，届时群主就需要维护社群的质量，及时对那些企业不重要的用户进行清除。

企业还需要把握社群成员交流的话题，以 3 ：7 的形式进行把控，即其余话题与相关话题的比例，这样的一个比例，才能使得社群成员有一种不被束缚的感觉，能随心所欲地在社群中谈天说地，共同交流、交友。

社群是一个公共场合，群员却是形形色色的，在公共场合言语不文明应该进行有效制止，尽可能打造一个文明有质量的群，对于情况恶劣者应予以管理。管理者要掌握化解群员矛盾的技巧，私下化解是最好的方法。

## 二、QQ 空间：精准不在话下

QQ 空间拥有多种功能，能够帮助商家打广告、推广品牌，以此吸引更多的用户，达到精准营销的目的。对于企业来说，QQ 空间就是一个天然的社群，它是基于 QQ 好友而形成的，这种社群有 3 点好处，有了这 3 点好处，就对社群营销的运行给予了非常大的帮助。社群成员都认识你。社群成员是因为喜欢你才会看你的 QQ 空间。

下面就来分析 QQ 空间里所包含的功能，怎样运用它们才能对企业的社群营销带来不错的收益。

### （一）分享

QQ 空间里的每篇文章，都可以“分享”，当社群成员利用移动端“分享”QQ 空间文章时，可以具体分享到 QQ 个人、QQ 群中、微信个人、微信群中，还可以分享到微信朋友圈中。

当社群成员在PC端“分享”QQ空间文章时，可以将文章分享到自己的空间里、分享给指定好友、分享到腾讯微博中，也能同时进行“分享”，这样一来被“分享”的文章，不但会在QQ上所有的好友的空间动态里显示，还会在好友的好友的空间动态里显示。这样，文章就会在很多人的QQ空间里，自动形成病毒式传播，如此一来，很多潜在客户都会看到文章，继而通过超级链接，看到广告文章，企业又能获得不少的新社群成员和粉丝。

### （二）转载

对于会写文章的人而言，他们通常会写一些令人感受到很高的价值的文章，对于这类文章，QQ上很多好友都会不自觉地去转载，当好友转载了文章后，文章同样会出现在好友的好友的空间动态里。

“转载”与“分享”有同样的传播功能，平常在好友的QQ空间里，看到转载的一些看起来非常有价值的文章，这个时候，自己可以转载过来。但是一定要注意一个细节：转载过来之后，一定要对这篇文章进行编辑，这样可以在文章末尾留下广告文章链接。

因为这类文章被转载的概率很大，所以当自己的QQ好友看到后，他们也会不自觉地进行转载，这样，自己转载的那篇广告文章就会一起被转载过去，如此一来，对于会写文章的人来说，由于有了转载功能他们通常会写一些令人感受到很高的价值的文章。

### （三）日志

QQ空间其实就像一个博客，所以要利用QQ空间做好社群营销，原创文章的写作是最基本的。QQ空间的日志是私人化的，因此，人们更多是写心情日志，心情日志更加逼近人的内心，情感更加真实，所以很能够取得潜在客户的信任。

当然，企业不能在QQ空间总是发布心情日志，有时也要适当写一些商业文章。如果商家有阿里巴巴博客的话，也可以把阿里巴巴博客里的文章转发到QQ空间里。

最好把广告信息写成一篇有吸引力的文章（标题尤其要有吸引力），文章里一定要留下详细的联系方式，并且还可以插入产品图片，并在每篇文章的结尾，给广告文章做一个超级链接，即可点击的蓝色的超级链接。

好日志同样注重价值，有价值的日志同样可以吸引读者转载分享，自动传播，企业还可以通过日志详细介绍公司或者产品、产品使用说明、客户见证、公司新闻等信息。

这里需要注意一个细节，就是当有日志更新，在没有被某一好友点开查看之前，在对方的好友列表中，日志将显示在个性签名中，由于个性签名的字数有限，所以日志的标题或者开头要精心设计，要能够让社群成员有点开查看的欲望。

## （四）相册

QQ空间社群营销可以将产品的详细信息以图片的形式上传到QQ空间相册中，而除了在相册中显示照片以外，在个人资料卡中会显示最新更新的3张照片。

对于那些营销推广化妆品、衣服、鞋子等女性用品的人来说，如果放上3张漂亮的模特照，一般能起到很好的宣传效果，从而吸引用户点开查看空间相册。

另外，上传照片到空间相册的时候要对照片和相册精心设计一下。

①在不影响照片美观的前提下，可以加上带有网址的水印。

②选择最好的照片作为相册的封面。

③相册不要设置密码。

④照片不要全是产品信息和广告信息，要有些艺术性和可读性。

当企业把产品照片通过QQ空间的相册功能营销产品的时候，需要注意在这些产品图片上添加标签、添加说明、做好相册分类，这样才能够让用户方便地浏览，也才能够真正发挥QQ空间相册的社群营销能力。

## （五）说说

QQ空间里的说说功能，可以搭起企业与用户沟通的桥梁，建立信任感，才更有可能获得高质量的社群用户。因此，发表说说内容多以分享为主。

例如，企业是推广美容产品的，就可以从美容小知识出发，来给社群成员讲解如何做才是正确的美容、美容禁区又是哪些等关于美容的小知识，还可以在说说里配上适合的产品图片和链接。

每天发布说说在2～5条，提供有价值的信息，新闻或资讯，编辑内容应注重价值，好的说说内容能够吸引读者，并被进行转发分享，自动传播会带来更多访客，带来更多的客户，带来更多成交。

发布说说后面要有引导转发分享的内容，如果依靠活动或赠品的方式来鼓励社群成员转发分享，推广效果将更加显著，但是发布说说后还要注意以下两方面，如表 6-3 所示。

表 6-3 发布说说后还要注意的事项

| 方法 | 具体做法 |
|---|---|
| 把握好时间 | ①早上上班时间，在公交地铁都是人手一机，到处看到的都是“手机党”，所以这是一个黄金时间；<br>②午饭午休时间 12：00—14：00，这时候大家都有时间关注好友的动态，打开网页做些其他的事；<br>③下班搭车回家的路上；<br>④绝佳黄金时间当然就是晚上睡觉前（9：00—10：30） |
| 切勿随意更新 | 如果是发一些生活的感悟说说，一天发几次都没多大的关系，假如是转发文章，或者发布广告在空间里面，那么就得注意到量，不要一天到晚转发分享文章，一天转发一两篇就已经很多了 |

### （六）访客和评论

企业多进入别人的 QQ 空间访问和阅读，进入对方的 QQ 空间时，对方空间就会保留访客资料，当对方查看来访用户时，就会点击访客头像进入空间，来阅读自己有兴趣的日志。

企业可以多评论社群成员空间的日志，增加相互之间的感情，这样也可以及时地与对方产生沟通，增加回访用户。

### （七）生日提醒和礼品赠送

QQ 空间会提醒企业，某个社群成员或者 QQ 好友要过生日了，企业可以通过生日祝福，拉近与社群成员之间的距离。

## 三、QQ 兴趣部落：陌生人社交的发力点

QQ 兴趣部落是腾讯手机 QQ 于 2014 年推出的，它是基于兴趣的公开主题社区，并与拥有共同兴趣标签的 QQ 群实现了打通和关联，形成以兴趣聚合的社交生态系统。这也为社群营销奠定了基础。

QQ 用户可以在“兴趣部落”里实现交流讨论、信息沉淀，使得用户从相对私密的 QQ 群里走出来，加入公开的兴趣部落，扩展社交边界。

下面就来了解 QQ 兴趣部落与社群营销的那点不可分割的事。

### （一）黏合剂

对于社群来说，兴趣是社群成员的黏合剂，企业若想将社群营销做成功，

那么就必须要找到基于兴趣为基础，能快速聚集人群的地方，然后借助这种地方，开展社群营销。而QQ兴趣部落就是基于兴趣图谱发展而来的典型的移动社群产品。它不再以亲友、相识之人为建立社交的入口，而是突破了时空、地域、性别、年龄等限制，将有共同兴趣的人连接在一起，组成了一个志趣相投、其乐融融的小部落。

有机构调查发现，27.4%在兴趣类的陌生人社群里更加活跃，兴趣部落实现了人自由意志的聚合，是陌生人社交的发力点。

在兴趣部落上可以看到，1 699万喜欢玩英雄联盟的用户聚集成为英雄联盟部落社群；1 138万TFBOYS的粉丝聚集成TFBOYS部落社群。

## （二）满足人群兴趣

有数据显示，QQ用户中有52%属于“90后”，“千禧一代”每天至少翻看智能手机43次，67%的亚洲“千禧一代”认为网络和社交媒体是最好的来源，于是各大企业都将注意力聚焦到更为年轻的这一代人群身上。

“90后”、甚至“95后”的特点往往是生活很富足，互联网普及率非常高，自我需要被认同，总喜欢以“你不懂我”“笑点不一样，怎能在一起？”等口吻与人交流，这也意味着他们对兴趣共同点的看重，因此，基于兴趣为基础的QQ兴趣部落，必然能引起这类人群的注意力。

在这个追求自由化、多元化、个性化的社群时代，来自个体社群成员的微乎其微的兴趣、精细的需求、细腻的情感都能找到有共同属性的人群，组成社群。

个体的兴趣因为有了社群的互动而得到共鸣和放大，使得社群成员乐在其中，而社群也因为兴趣更为凝聚，从而得到更为稳固的可持续发展，使得企业得到更为真实、忠诚的用户。

在QQ兴趣部落，不断产出的专属定制化内容，能充分满足“80后”“90后”“95后”甚至是“00后”用户挑剔的要求，反过来他们自身产生的优质UGC内容，也在不断地丰富着整个移动社群平台。

社群时代的社交关系，是一种全新的信任关系，这种全新的信任关系处于现实社交的熟人关系与虚拟社交的陌生人关系之间的交叉地带，形成“半熟社交”。

而兴趣部落的搭建，为这种基于兴趣的“半熟社交”找到了突破口。例如，在QQ兴趣部落，有一个由66万QQ用户聚集而成的穷游部落，这些用户是来自世界每个角落的独立个体，而因为“穷游”部落的召集，在部落里，成员可以自由组队，相约一起穷游。

## 第二节　社群经济时代QQ社群营销的策略

### 一、QQ营销的五大招式

如今很多企业和商家都利用QQ来做营销。那么，QQ营销该怎样做呢？很多商家的做法就是直接发硬性广告，这种赤裸裸的广告轰炸是非常不可取的，效果也会非常差。其实，我们可以通过一些曲径通幽的方法来实现营销目的。下面就介绍下QQ营销的五大招式。

#### （一）“守株待兔”式

“守株待兔”式，就是把自己的群名片改成广告信息，例如“儿童摄影师”“幼教中心”“广告制作”“淘宝代理”等。采用这种带有一定广告性的群名片名称，由于没有直接发广告，因此一般不会被踢。

不过，采用这样的名称，一定要把广告信息写得精准明了。比如，“淘宝代理”会让人知道你是做淘宝代理的，但不精准，若改成“淘宝新百伦代理”就好多了。这样就会让人更清楚你代理的是什么，从而更具有精准性。

#### （二）“QQ表情”式

如今，QQ表情也可以做头像了。很多人都喜欢用一些动态的表情头像来引起别人的关注。其实，表情头像也可以是一个QQ营销的利器。尤其是一个很有趣的QQ表情，上面还可以挂网址，企业可以将自己的网址挂上去。当然，QQ表情一定要有内涵和意义，这样别人才会收藏、转发，从而实现营销的目的

#### （三）“交朋友”式

“交朋友”式，就是和群成员交朋友。比如，在群里面和某人聊得很“嗨”，要想进一步加深关系，最好的办法就是直接加对方为好友。然后，进一步进行交流，从各方面了解对方，与其成为亲密的朋友。当成为朋友的时候，再慢慢地介绍自己的产品就容易被对方接受了。

### （四）“助人为乐”式

“助人为乐”式，是指平时在群里积极地回答别人的问题，尽可能地帮助别人。时间一长，露脸的次数多了，帮助的人多了，自然就会被很多人记住，甚至会产生好感及信任。建立了信任关系之后，再进行营销，成功的概率就会成倍地增长。

### （五）“揭秘”式

“揭秘”式，是指以文字或图片的形式来揭示一些内幕性的内容，很容易吸引人的眼球，达到打击竞争对手、正面宣传自己的目的。由于它的内容能让人警醒，因此会情不自禁地帮它转发。

## 二、QQ精准营销

利用QQ进行精准营销，一个较为有效的方法就是利用邮件群发器进行推广。虽然这种方法很费工夫，却能起到一对一的精准营销，并且能进行有效推广，同时降低了邮件群发过程中被加入垃圾邮件列表中的概率。

QQ推广的方法大家都耳熟能详，知道得也很多，但能不能去认真践行是成功与否的关键。更有些人，把QQ推广看成一件很简单的事，认为只要注册几个QQ，然后每个QQ加入多个群，一进群就发广告、发群邮件。可结果呢？不是被踢就是被骂，最后只能无功而返。

所以，要想真正做好QQ推广，重点在于培养感情。简单说就是混个脸熟，并跟群里的管理员与群友打成一片，这需要一定的时间沉淀和努力，毕竟与很多个QQ群聊天并混熟不是一件容易的事，首先时间上需要很充足，至于具体如何有效地维持关系，就得靠个人的修为了，之后再谈广告的事是最合适的，一句话就是“先礼后兵”。

这些都是进行QQ营销最基础的常识。企业明白了这些，才能更好地利用群发器进行推广，并且能重复进行有效的推广。下面，一步步来讲具体做法。

第一步，准备好文案。文案的创作好坏决定了转化率的高低，在文案上是必须下功夫的，好的广告文案很容易让人接受，而差的文案则很容易被人丢进垃圾邮件列表，从而失去推广的作用。

第二步，准备好广告文案后，就开始查找并加QQ群，尽量查找与自身网站用户群体相关的QQ群，比如美食类的网站就找美食类的QQ群，这样能提高用户群体的精准度。

第三步，加入QQ群后先不要发广告，进群第一件事就是按照群规改好群名片，然后做一个新人报到，先在QQ群里聊上一两句，让人知道你的存在，并且是热情的新人，给人留下好的印象，然后就可以开始收集邮件列表了对此，我们可以通过群空间来实现。首先进入群空间，找到群成员的通讯录，把这里所有的成员列表全部复制下来，然后在QQ号后面加个@qq.com变成邮件。做好邮件列表，这样每加入一个群就收集并整理成邮件列表。

第四步，开始发邮件。有了邮件列表之后，就利用邮件群发器把原先准备好的广告文件群发出去。不过，邮件群发器一定要找那些可以一对一发送邮件列表的。没有这个功能的尽量不要用，否则很容易被邮件过滤系统列入垃圾邮件行列。这是一定要注意的。

# 第七章　自媒体格局下必须掌握的营销手段

随着时代的发展，自媒体越来越多地出现在人们的生活当中。自媒体作为社会化媒体发展演变的重要形式，在保障网络用户话语权的同时为用户开创了新的营销空间。本章分为病毒营销、事件营销、口碑营销、饥饿营销、互动营销、情感营销、会员营销七部分。主要内容包括：病毒营销的模式、病毒营销的特点、事件营销的理论界定、事件营销的社会影响力等方面。

## 第一节　病毒营销

### 一、病毒营销的模式

美国学者H·拉斯维尔对传播过程进行了系统梳理，并将其组成元素按照一定结构顺序将它们排列，形成了传播过程的“五W模式”或又被称之为，“拉斯维尔程式”的传播过程模型。这五个W分别是Who（谁）Says What（说了什么）In Which Channel（通过什么渠道）To Whom（向谁说）With What Effect（有什么效果）。事实上，企业病毒营销的模式即是“5 W”传播模式，先通过调研对目标消费者市场进行定位，然后通过传播产品或者访问的相关病毒性信息刺激目标消费者产生传播行为，最后通过与病毒信息感染人群的沟通、互动及时获取反馈信息以便灵活改变营销策略，以期后期继续培养服务、产品的忠实用户及病毒信息的初期易感者，利用他们强大的口碑推荐创造出更多新客户。这也就意味着，产品或服务信息的传播行为是企业营销过程中必不可少的核心环节，因此病毒营销必须重视传播内容，即Says What。其次选定合适易感人群和开放的传播渠道，有助于信息飞速增殖达到爆炸传播的效果。

### 二、病毒营销的特点

病毒式营销作为移动互联网语境下的新型的营销模式，区别与传统广告粗暴式的营销，具有新的时代内涵和特点。

①病毒营销立足于互联网语境下的虚拟人际网，传播低成本。病毒营销利互联网无限复制和传播迅速的技术形式，通过用户自身的人际口碑传播网络，达到产品或服务的营销目的。其主要依赖用户之间的互相传播，较比传统营销手段巨大的广告宣传费投入、营销推广费用等，成本极其低廉。在病毒营销的传播过程中，易感人群首先把病毒信息释放到自己的社交圈，完成第一次传播，受到感染的其他用户再自发把病毒信息在自己的朋友圈传递下去，完成第二级传播，在此过程中，本应该由企业承担的传播推广等费用转嫁到目标消费者身上，而目标消费者只需要承担很少一部分的流量费即可，故企业可以花费很少推广成本，就可以完成病毒营销。病毒营销传播，依赖是的用户人际关系进行自发传播，故传播成本极低。

②病毒营销具有几何倍数的传播速度。病毒信息的营销依赖用户的自发传播，信息通过目标用户传递出去，一传十、十传百，随着越来越多用户的自发参与转发，这些几何级增长的用户构成了几何倍数传播的力量。

## 三、自媒体时代的病毒营销——以微博为例

### （一）微博中病毒式营销传播的内容形式

在这个生活节奏加快的时代，长篇的文字阅读已经不适合人们的阅读习惯，《太后》为了满足广大太阳粉的需求，将内容传播形式扩展到图文结合、GIF动图、视频、手绘漫画、表情包以及配套的OST音乐等。相比较而言，以图片为主、文字为辅的介 绍能让图片的内容更加直观，表达的意义更加明确。不少网友通过恶搞的方式将《太后》里面的人物制作成表情包，保存到自己的手机当中，以便可以在QQ、微信等其他的社交工具上传播，扩大了电视剧的传播范围。同时，卡通动物版、男主制服版、男女主甜蜜版等手绘漫画来传播电视剧信息，不但形式新颖而且非常可爱，撩起了受众的少女心。病毒式营销就是秉着一种不管你喜欢哪一版，总有一版适合你的态度进行广撒网式传播。

### （二）微博中病毒式营销传播的传播定式

第一，合适的时间场景为微博病毒式的营销传播赋予优势，掌控好消费者的活动场景可以产生更好的传播效果，使得有效的信息深入人心。与传统媒体受到条条框框时间发布的限制相比，微博的信息发布时间不受限制，可以随时随地地分享最新信息，但这也并不意味着官方微博发布关于电视剧的信息越多越好。李开复在《微博改变一切》中指出，人们每天的上网时段集中在上午9点—

12 点、下午 3 点半—5 点半和晚上 8 点半—11 点半，而这几个时间段也是微博使用的黄金时间。

第二，巧妙地设置议题，满足观众的需求，引发受众情感上的共鸣。该电视剧官方微博发布的内容主要关于制服诱惑、男主的撩妹技能、男女间浪漫的情节等，基本上满足了受众对浪漫爱情的所有需求。女性受众都拥有一颗少女心，将自己在现实中还没有实现的愿望完全寄托在电视剧里，将自己想象成受男主宠爱的女主，使自己的某种感情在电视里找到寄托。这看似不是营销却巧妙地进行了议程设置，对受众产生了潜移默化的影响，使得有效的消息深入广大受众的内心。

第三，发挥作为关键节点的名人的效应，吸引微博粉丝转发相关的电视剧信息。微博作为一个可以进行双向互动的信息交流平台，给人们之间的信息分享带来了极大的方便。微博的实名认证优势吸引了大量的名人、明星的加入，他们通过实名认证将自己的粉丝群体吸引到微博上来，组成一个大的“粉丝社群”。明星们在这个粉丝社群里作为信息传播的关键节点，也就是起领袖的作用，他们的一言一行都会影响整个粉丝群体的言论和活动。明星们拥有庞大的粉丝资源，少则几百万，多则几千万，借助粉丝的广泛关注和病毒式传播的渗透力，由名人、明星发出的信息往往能够获得更多的传播机会，信息以“病毒”的方式流向多数的粉丝群体，形成强势的话语权。同时，如果同一事件的互动双方都是名人，将会产生强强联合的效应，如袁弘和张歆艺这对情侣在微博上互动，为《太后》增加了阅读量和话题讨论度。

第四，利用口碑营销的方式作用于粉丝群体传播的从众心理。在互联网这个大的、虚拟、密集的网络空间，人们很容易产生从众心理，萌生出不想被孤立，想要与集体保持高度一致的想法。人们希望通过对微博信息的转发和评论找到与自己志同道合的人，从而实现小我连接大我。在病毒式营销传播的影响下，没有定力的个人便会盲目“跟风”发布相关信息。利用人的从众心理可以在微博的病毒式营销中达到一传十、十传百的效果，从而为《太后》树立起良好的口碑，进而可以利用“口碑病毒”引发第一波受众观看兴趣，之后的受众也会由于受到电视剧相关信息的影响和其他微博粉丝的推荐，而想要对该电视剧“一探究竟”，参与到随后的观剧大军中来。

# 第二节　事件营销

## 一、事件营销的理论界定

### （一）事件营销的概念

由于在以往的文献中，对于事件营销的定义不够全面、概括，致使事件营销始终没有一个可以使学界达成共识的理论根据和通用概念，因此，在借鉴前人研究成果的基础上，提出对事件营销一种理解性的定义：事件营销，是指营销者在真实和不损害公众利益的前提下，利用由自己出资制造或参与制造的一个独特的、非营利性的且具有新闻价值的事件，通过媒介的报道传播，吸引利益相关者的关注和参与，以便传播与企业品牌、产品或服务相关的信息，以求最终达到企业目标的一种具有社会影响力的营销传播方式和活动。

### （二）事件营销的内涵

基于以上定义，比界定事件营销概念更为重要的是，理解有关“事件营销”的三层内涵：第一是诚信是基石。事件营销的前提就是事件真实、不损害公众的利益，如果企业制造的事件谎话连篇、夸大其词，销售的产品名不副实、以次充好，将必然会被公众所唾弃，为企业事件营销做传播的媒介机构，也同样会遭到公众的鄙夷。因此，守住诚信，才能守住事件营销的根基。第二是创意制胜。品牌需要创意，传播也需要创意。事件营销能否成功，关键在于能否抓住“事件”这个亮点来带动卖点，实际上这就是创意。如果总是一味地模仿别人只能得到事倍功半的效果，甚至对品牌造成更大的损失。在成功的事件营销案例中，对事件的审视、分析和寻找，成为事件能否成功的重要环节。事件就像是“杠杆”，是撬动营销的工具。如何策划好事件，是整个事件营销过程中的关键点。第三是整合传播过程。在合适的时间，策划了一个合适的事件，又利用合适的媒介做了合适的传播和报道，这才是成功的事件营销。事件制造的时机、传播的途径和方式，只有巧妙地将每个环节都整合到位，才会胜券在握。

## 二、事件营销的社会影响力

事件营销的社会影响力是指企业在发起事件营销的过程中，将企业的品牌概念、文化积淀或思想理念等通过媒介的传播和推广，在受众的认知、态度、行动和评价等方面施与的符合企业最终目的的控制能力。这种影响力又与其传播的媒介影响力有效结合，密切呼应，产生“1＋1”大于“2”的整合传播声势。

所以，企业事件营销的最终社会影响力，既决定于这个事件本事的营销力，同时也受控于传播营销事件的媒介自身的社会影响力，包括其公信力、媒介传播力和创意传播的文化感染力。

## 三、不同视角下的事件营销

### （一）媒介视角的事件营销看新闻要素

#### 1. 企业事件营销中的媒介机会

媒介在企业的事件营销中是一种信息管道和传播工具，这里应侧重于传媒的管道或渠道意义及信息的建构作用，而并不是单纯意义上的媒体或媒介，它应该是链接企业的营销传播行为和目标受众购买行为的管道工具和信息集成。

企业策划事件营销，是要通过各种传媒去告知社会公众和广大消费者，以此树立企业良好的形象并提高企业社会效益和经济效率。传媒可以在企业的事件营销过程中扮演“社会传道士”角色，同时也展示了传媒自身的文化价值导向和社会服务功能，因此也客观地呈现出传媒自身的品牌形象。传媒的这种利用企业事件营销来客观展示并传播了自身品牌文化的方式，在成本花费上是不需要再承担太多费用的，因为企业会为这次的事件营销来“买单”，媒介只需要在营销的过程中注重和增加传播自身的策略，对企业“事件选择”后的“事件创造”着力，就可以达到预期的效果，获得社会效益及经济效益的双赢。

企业的事件营销不仅仅为企业服务，为之做传播服务的传媒也可以在其营销过程中分得一杯羹。因此，传媒为了更好地提升自己，自然也会选择知名度、信誉度都比较高的企业，为其进行事件营销传播。企业获得了成功，传媒当然也会将自身的品牌传播推向一个新的阶段。双赢双收，何乐而不为？

#### 2. 企业事件营销中“新闻”事件的商品化

新闻是媒介的产品，传媒受众，包括潜在的目标消费是这种信息产品的消费者。目前，这种产品消费的已经不仅仅是消费者的金钱，而是消费者的极度宝贵的注意力。

具体来讲，传媒通过信息流通提供服务获得了传媒受众的注意力，获得了传媒产品的广告价值，在这个基础上向企业提供商业信息版面或空间，其服务的有效性测量和评估主要参考报刊的发行量，电视的收视率和网络的点击率等。对于传媒来说，这种建立在受众基础之上的发行量和收视率要比财务上的赢利更重要，传媒更关注媒介本身的注意力价值，不管什么事情，只要对媒介提高发行量和收视率有利，就会被传媒推进。这就是在企业事件营销中“新闻”事件的商品化背景，即无论任何事件，都在被媒介自身的需要商品化，当然，这也是企业事件传播的需要。

#### 3. 企业事件营销的“新闻性”要素分析

企业事件营销中“事件”的新闻性能否凸显，要取决企业选择的“事件”其价值的大小。事件的新闻价值的大小一般由构成这条新闻的客观事实适应社会的某种需要的素质而决定。一则成功的事件营销至少包含下列四个要素之中的一个：重要性、接近性、显著性、趣味性。当然，这些要素被包含的越多，事件的新闻性就越强，事件营销成功的概率就越大，这里，新闻价值的要素同时也是事件营销成功的要素。

从传媒视角分析，企业以这类新闻要素建构营销传播之“事件”，是企业事件营销传播成功的前提。

### （二）企业视角的事件营销看双重利益

企业进行事件营销的目的就是传播企业品牌，树立企业良好形象，以最终取信于民，赢得消费者对其产品或服务的青睐。成功的事件营销将使企业获得社会效益与经济效益的双重利益。

#### 1. 事件营销与企业的经济利益

事件营销在企业的广告营销传播策略中直接目标就是提升企业品牌形象，最终的结果是吸引消费者或者利益相关者关注并购买产品或服务。企业之所以选择事件营销形式传播品牌，也是针对目前越来越多的大众消费者对企业的硬广告和直接推销产品的商业行为越来越具有逆反的心态，而事件营销，这一带有事件的新闻性和公共文化性的传播形态，更容易走进传媒受众和广大消费者。近几年由于企业的事件营销传播所取得的效果是显而易见的，例如蒙牛品牌等。

资本是企业生存的最基本的基石，所有的企业都是在维持自身生存的同时追求最大的经济收益，将产品或服务销售到消费者手里是企业的最终目的，无论是什么方式。在当前社会大众消费心理状态下，事件营销更容易使品牌走进消费者，因此成为企业实现经济效益的有效营销策略。一定意义讲，正是由于经济利益的趋势，不少企业才拉开事件营销的帷幕。

2. 事件营销与企业的社会利益

企业在事件营销中只有选对了传媒，才有可能实现其社会利益。企业要实现经济利益，必须策划成功的事件营销，并选好最合适的传媒以实现目的。企业除了必要的投资、选择有意义的事件，更重要的是要选择最适切的媒介使事件营销传播到位，那些公信力强、信誉度高的传媒机构必然会成为企业的选择目标。选对事件且选对媒介，企业才可以达到事件营销的社会效果，进而实现企业事件营销的初衷——提升品牌，以最终实现经济利益。

为使企业在事件营销中实现目的，企业选择的是媒介的影响力。媒介在社会上占有的影响力和控制力越大，被企业选择的可能性就越大，企业也就更容易得到社会利益和经济利益的双收。

企业选对事件、选对媒介，才有可能实现事件营销的目的，进而拉动企业新一轮的经济投资以实现企业的良性循环。企业与媒介不同，一般传媒只能以社会效益带动经济效益，而企业一般只有获得经济效益，才可能随之带来社会效益。随着企业的社会效益不断积蓄，其经济效益又会再上一个新的台阶，而后，又带来了更加高瞻远瞩的社会效益，如此即可进入经济效益与社会效益双收的良性循环当中。

作为传媒，如果希望被企业选择进行事件营销传播活动，就要努力提升自己的品牌及形象，受到企业的关注和重视，达到企业选择的标准，也才有机会在企业的事件营销活动中获得自身的社会效益和经济利益。

## 四、自媒体时代的事件营销——以微博为例

### （一）微博事件营销特点与优势

1. 实时性与多样性

新浪微博事件营销拥有较强的媒体特性，数据发布与转载的渠道多样，反馈与传播的内容精准，能够有效提升微博营销的质量与效率。首先在传播途径层面上，用户能够不受空间与时间的制约，通过评论、转载或原创微博的形式，表达或阐述自身的观点与想法，而由于微博信息反馈及传播速度较快，能够在传播范围与速度的层面上超过电视、报纸及广播等传统媒体。其根本原因在于微博传播的裂变化机制，即用户在对特定信息转发的过程中，可以使更多的用

户成为信息的发布者，进而在短暂的时间内，使信息覆盖到全部网络中。其次在精准性与实时性层面上，微博传播能够根据用户的关注趋势及类型，为其推荐与之相关的数据信息，因此微博的精准性与实时性，可以有效打破传统媒介的局限性，缩短了数据信息传播与接收的距离。

2. 互动性

新浪微博用户可在不同用户间进行多向或双向互动，使数据信息能够得到更为有效的推广与传播。尤其在“碎片化”时代下，优质的事件营销活动，必须在短小的微博内容中，迅速抓住社会大众的关注点，从而为微博用户提供价值展现的平台，既满足了普通大众的成就感，实现良好的数据传播目标，又为企业的服务或商品的推广奠定了扎实的基础。其根本原因在于，用户在多向或双向互动的过程中，能够提升自身对营销内容的关注度，进而使互动媒介（事件营销微博）成为信息传播的讨论小组，进而在观点的碰撞与交流中形成全新的焦点与话题，使更多地社会大众或互联网用户全面而深入地参与其中，极大地提升了企业事件营销的成功率与有效性。

3. 广泛性

首先在受众层面，在新浪微博用户不断增长的过程中，用户的整体规模得到了显著的提升，譬如某公众人物的关注量高达几千万等。然而由于微博的粉丝效应，账户主体所转发或发布的数据信息，都会引起较大的转发量与关注度。根据相关调查显示，传统媒介的信息分割度为6度，而微博信息的分割度却为1.9度。因此，微博的信息传播的快速性与广泛性较为显著。其次在话题层面。新浪微博的用户基数庞大，用户群体间的差异性较为明显。话题拥有多元化、广泛性的特征，所以在不同时间间隔，都会出现大量的话题与信息，并引起普通大众的广泛关注。

4. 引导性

在特定话题的讨论过程中，社会大众会结合自身经验及信息收集情况，对话题进行初步的分析并以此形成新的观点。然而在当前的微博话题生态中，拥有千万级粉丝的账户或公众人物因其独有的专业性与理论性，能够从理论或实践的层面上，深化网民的观点及论点，进而使网民在话题讨论中更有理由证。然而对初次接触话题的用户来讲，公众人物所持有的论证分析则拥有较强的引导性，能够将用户判断事物及分析问题的方向，引导到其分析并得出的结论或结果上，即先入为主效应。所以在微博事件营销上，时机至关重要，如果错过时机，将导致企业难以发挥微博事件营销真正的作用或效用。

## （二）微博事件营销的策略探讨

### 1. 传播主体的选择

现阶段，新浪微博的数据传播速度日渐加快，范围日渐宽广，为有效提升现代企业的市场竞争力及社会影响力，构建良好的企业品牌形象，相关企业必须正确选择数据发布平台。通常来讲，企业应选择官网微博，其根本原因在于官网微博的信息发布与传播具有较强的说服力与权威性，可以提升数据信息的真实性。在组织架构层面，企业官网微博账户是由特定团队管理和运营的，其管理层与发言人都拥有较为丰富的营销经验及专业知识，能够全面抓住事件营销与策划的规律，灵活自如地破解各类干扰因素对市场营销的影响。所以，选择合适的传播主体具有重要的营销意义与价值。此外，现代企业可将相关推广及营销信息，发布在热点微博或讨论小组中，使用户在话题讨论的同时，逐渐加深用户对企业所推广或营销的商品及服务的印象。

### 2. 构建舆情小组

用户的消费预期并非静态发展的过程，而是随着时间推移，逐渐呈现出多元化、动态化及灵活化的发展脉络。所以，新浪微博的事件营销又存在着一定的风险。现代企业在营销工作中，必须通过构建舆情小组的形式，监测舆情的发展脉络及用户的消费反应。此外，企业还需要构建基于企业与用户的信任机制，并通过增强组织管理的方式，规避外部因素对事件营销的干扰与影响。而如果企业与用户发生了信任危机，将极大地限制了企业营销计划或方案的全面实施。所以现代企业在推进事件营销的同时，应注重对消费者认可及信任的管理与检查，推动事件营销活动的顺利开展。但由于事件营销的特殊性与多变性，用户往往能够在营销的过程中，看破企业的营销机制及方式，进而对企业后续的营销活动造成严重的影响，对此，企业应在构建信任机制的同时，考虑用户对营销活动的反应，并通过定性或定量的方式，调整事件营销的体系与内容，使其更有效地实现预期效果。

### 3. 增强公益内涵

现代企业应在新浪微博事件营销的过程中，增强自身的公益内涵，使企业的营销活动根据贴近普通大众的思维理念。但值得注意的是，企业应注意公益互动的内容与尺度，规避道德绑架问题的出现，否则不仅将影响整个事件营销质量，使普通大众对商品及服务形成厌烦心理，更将为企业的品牌建设及形象塑造带来极大的影响。通常来讲，公益活动是现代企业回馈社会、回报国家及消费者的重要渠道，是企业责任感的重要表征。所以，现代企业在利用事件营销呼吁用户参与企业公益活动的过程中，应从公益事件的角度出发，通过财力、物力及人力的投入，提升公益活动的实效性与有效性，简而言之，企业要将营销作为公益活动的附加价值，使公益活动的号召力更强、更好。进而在引起社会广泛关注的情况下，提升企业服务或商品的推广力度。

**4. 构建评价体系**

良好的评价体系，能够帮助企业在微博事件营销中获得成长与成功。通常来讲，微博事件营销活动拥有较大的风险性，如果尺度把握不当，营销色彩浓重，将导致企业面临品牌危机与形象危机，不利于企业的长远发展。不过适度地把握营销尺度，将极大地提升企业的社会影响力与竞争力，给企业带来巨大的经济收益。譬如上海野兽花店借助“上海百人求婚”事件，将鲜花与真爱、永恒等主体建立联系，从而通过新浪微博的快速传播，使社会大众在关注事件的同时，逐渐明确鲜花的内涵与婚姻的美好。

所以，构建科学合理的评价机制，能够有效帮助企业衡量当前事件营销质量与不足，进而通过借鉴或引用其他事件营销案例及策略的方式，完善企业当前的事件营销体系，推动企业的长远发展。

# 第三节　口碑营销

## 一、口碑的传播特性

从本质上来说，网络口碑表达的依然是消费者个人对商品或者商家就个人喜好、使用体验以及其他主观感受作出的评价。从这一点上来说，网络口碑和传统口碑并没有任何不同。但由于网络口碑借助的传播媒介——互联网是人类通信史上的一次深刻革命，与传统的语言、肢体动作等交流方式相比发生了根本性的变化，这也使得网络口碑的传播特性和传统口碑相比，呈现了众多不同。

### （一）口碑是一种多链接的信息

传统口碑的传播发生在人际交流中，其来源可能是亲朋好友，陌生人或者某一行业的领袖人物。限于技术能力，其来源的数量往往较少，并且来源之间可能并无多大联系对于口碑的接受者来说，追溯口碑的源头在现实中通常并不存在困难。而在网络环境下，就商品交流彼此之间个人感受的双方往往采取匿名方式沟通，口碑的来源呈现出错综复杂的关系，其来源之间可能互相存在联系。

### （二）口碑传播在内容和形式上更丰富

传统的口碑以语言交流作为主，辅以肢体动作等形式进行传播。由于技术的发展，网络口碑的传播方式要丰富多样得多，如文字、语音、视频、动画、表格、数据、流媒体、互动媒体等。由于这一特点，对于习惯网络购物的消费者而言，网络口碑比传统口碑往往具有更大的吸引力和说服力。

### （三）网络口碑兼具同步与非同步性

传统口碑，如面对面沟通或者电话交流，通常在都具有同步性。网络口碑则是一种实时性口碑，依赖的互联网平台中既包含有在线论坛、即时通信等同步交流模式，同时又有社区论坛、SNS 网络等非同步的交流方式。

### （四）网络口碑是一种全球性的口碑

相比较传统口碑一对一的通常传播模式而言，网络口碑一般是一对多的传播模式，同时信息的接收者和转发者在传播条件上一般处于平等的地位，加上互联网是一个全球性的网络，口碑信息可以在不受时间、空间等因素的限制下扩散，其造成的舆论后果比传统口碑大得多。以网络作为媒介的交流，比双方面对面式的交流更容易引起双方降低互相的戒备，话题范围比见面时更为广泛。因此，网络口碑的扩散范围和速度比传统意义上的口碑更难以进行人为控制，其造成的舆论影响也更为严重。

## 二、口碑营销的实现形式

网络口碑需要网络平台来实现，其传播同样离不开网络平台自身。目前网络媒体的种类多样，形式繁多，对于网络口碑的体现程度和传播效果也不尽相同。总的来说，可以分为以下大类。

### （一）垂直类门户网站

这一类的典型有泡泡网、IT168、瑞丽女人网等。其特点是聚集了同一主题下的各种观点和内容，更新速度快，目的性强。由于具备专业的编辑队伍，垂直类门户网站能提供大量原创性信息，通常具有较高的可信度。在创立初期，垂直类门户网站的主要盈利渠道还是依靠广告收入。随着其影响力的增大，网络口碑带来的经济效益也开始逐渐引起他们的注意。开始针对商家的需求，尝试扩展口碑渠道作为一种新的盈利途径。例如，多数 IT 类垂直门户网站最初多发表针对电脑零配件性能的第三方测评，如今纷纷开始重视向商家反馈用户对特定型号的使用感受并加以宣传。

### （二）点评类网站

这类网站类似于传统的网络论坛（BBS），为网络用户提供了一个发表个人意见的平台。但和前者不同的是，这类网站通常都有一个明确的主题或者行业领域。例如豆瓣网关注的是文化消费领域，其用户发布的评论集中在书籍、电影、音乐等；大众点评网为消费者提供餐饮、娱乐、购物等领域的点评平台。点评类网站发布的是消费者的个人体验，浏览者也通常关注的是，对商家的特意宣传十分敏感，甚至感到反感。其次，基于保持第三方的客观性，点评类网站通常不会过多的参与商业活动，如豆瓣网只为用户提供书籍、影碟的在线购买提供便利，但并不直接与网络销售方联合经营；大众点评网提供座位预定、打折信息发布以及优惠券提供等，但不会和特定的商家合作。最后，这类网站所关注的行业并不像传统的实体企业那样适合进行口碑营销，因此这类网站的未来发展趋势更大程度上的取决于是否有足够的商家需求。

## 三、口碑营销的影响因子

传统口碑传播过程中，接收者、传播者和关系链这三个部分是影响口碑传播效果的主要因素。基于这三点出发考虑传播渠道可能受到影响的因子，详细分析如下。①口碑的欲望强度：即接收者对于口碑相关信息的需求程度。②口碑的推动强度：即传播者在主动传递该信息上所付出的努力程度。③传播能力：指传播者对于口碑消息的个人理解能力、在传播过程中的表达能力以及说服能力。④接受能力：指接收者对于信息的获取和理解能力。⑤关系强度：接收者和传播者之间的信任程度，以及双方关系的稳定程度。⑥感知风险：指接收者在购买决策中，对于客观风险的主观判断，感知风险 越高，消费者越倾向于依赖口碑信息。⑦媒介风险：指接收者和传播者接收和转发口碑信息时，双方对于传播渠道 的依赖程度、信任程度的判断。上述因素中，关系强度、感知风险是传统口碑传播中比较重要的两个影响因素，由于在传统交流方式（语言、肢体动作等），交流双方通常能够面对面的沟通，媒介风险所产生的影响并不突出。但在网络环境下，由于交流双方必须借助网络这一平台作为媒介，媒介风险这一影响因子扮演了更大的角色。网络依赖程度、网站特征、信任倾向等成为决定网络口碑传播效果的决定因素；另一方面，口碑传播网络的主体依然是人，无论是在传统口碑还是网络口碑环境下，人与人之间的关系强度依然不可忽视。布朗（Brown）和伦根（Rengen）的研究表明，强关系对于接收者的行为影响要比弱关系大得多。接收者和传播者处于强关系时，双方接触较为密切，可以建立更深入的了解并产生更多的信任感，从而产生更大影响力的口碑。网络环境下，交流双方处于匿名状态，接收者和传播者之间是一种弱关系状态，但接收者和口碑的推荐者之间依然存在一定程度上的相似和亲切感知，接收者能否愿意与口碑传播者之间进行沟通，很大程度上取决于其与推荐者之间的关系是否紧密。综合以上讨论，网络口碑的主要影响因子取决于媒介风险、感知风险和关系强度三点。

其与网络口碑可信度之间的关系如图 7-1 所示。

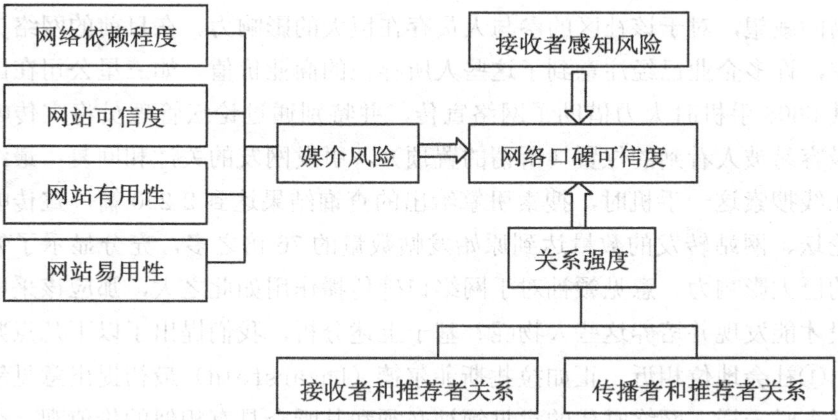


图 7-1　网络口碑的关键影响因子

## 四、口碑渠道的关键点

口碑作用的关键在于其传播效果。在网络环境下，意见领袖（opinion leadership）的作用成为口碑传播的关键点。保罗·拉扎斯菲尔德（Paul Lazarsfeld）等最初于 1944 年提出“意见领袖”的概念，认为观点是首先通过大众媒体传播到“意见领袖”（opinion leaders），再由后者进一步传播到更广的人群，即所谓“沟通的两步式步骤”（Two-step flow of communication）。这一观点后来由伊莱休·卡茨（Elihu Katz）和拉扎斯菲尔德在1955年进一步予以阐明：在人际交往之中，意见领袖是口碑传播诸多环节中最关键的一步，是从大众媒体到受众之间的接力棒。根据拉扎斯菲尔德和卡茨的观点，意见领袖是最有机会和媒体接触的人，其对大众媒体传播的信息具有更为深入的理解，并向其他人解释并传播媒体所想表达的内容。在媒体的直接报告和观众的反应之间，这些领袖人物成为了一个桥梁。意见领袖和受到他们影响的观众在性格、兴趣、人口分布和社会经济等因素上相似，容易影响其他人的对于媒体报道的态度和行为。在网络环境下，口碑接收者面对的信息量变得空前庞大。在进行购买选择时，除了个人需求进行筛选之外，消费者面对如此庞大的信息量，往往需要借助外部力量。除了搜索引擎外，网络营销的SNS化趋势让意见领袖在网络口碑的传播中的作用变得十分突出。艾瑞调查给出的统计数据表明，占据总发帖数量比例小的原创性内容对于网络大众的意见存在巨大的影响力。在网络社区中，意见领袖往往是特定博客的撰写人员或者是论坛发帖的活跃分子，在某一方面具备较高的专业技能并在社区中产生了很高的威望，对于该社区的参与人员存在巨大的影响力。在目前的网络口碑营销中，许多企业已经注意到了这些人所存在的商业价值。如三星公司在国内推销其U608手机时大力借助了网络宣传，并特别通过论坛管理员将宣传帖设置为最容易被人看到的位置（所谓的置顶），引发网友的关注和回复，最终消费者在线搜索这一手机时，搜索引擎给出的查询结果达到2 290篇，宣传帖被其他论坛、网站转发的数量达到原始发帖数量的76倍之多，充分显示了领袖人物的巨大影响力。意见领袖对于网络口碑传播作用如此之大，那应该采取何种手段才能发现并培养这些人物呢？基于上述分析，我们提出了以下几点判断标准：①社会地位相近。正如拉扎斯菲尔德（Lazarsfeld）最初提出意见领袖这一概念时一样，网络时代的意见领袖必须和其听众具有相似的价值观、个人爱好和社会经济地位，双方在交流上处于平等地位。②具有独有的专业能力。“意见领袖”必须在某一专业领域具备普通大众所没有或者欠缺的知识和能力，这是其说服力得以存在的基础，通常其受教育程度也会比受众略高。③个性化。“意见领袖”对于商家提供的产品和服务应该有自己独到的观点，而非简单的进一步扩散来自媒体释放的信息。不管其自身的真实目的如何，没有个性观点，就没有可能获得关注。④观点中立。意见领袖不同于商业推销员，他们为听众提供的是客观、中立的个人观点，而不能代表某一商业组织的利益发言，否则他们将会被受众所抛弃。⑤人格魅力和信誉度。意见领袖在其活跃的社区中应该存在良好的人格口碑和亲和力，能够赢得受众的信任和支持。⑥创新性和前瞻性。通常意见领袖比常人能够更有能力把握消费趋势，较少受到当前消费习惯的影响，往往是新兴消费的最先尝试者。同时他们也最有可能造就新的消费模式。

## 五、有效口碑营销的思考与建议

### （一）口碑营销的优劣势

相比较传统营销手段而言，网络口碑营销的存在自身鲜明的优缺点，对其分析总结如下。

①网络口碑的传播速度和传播范围都比传统营销方式大得多，大大增加了营销活动的控制难度，网络环境下的口碑传播速度和传播范围已经达到了一个全球范围同步、全球范围散布的水平，远非传统营销模式所能相比。这对于网络口碑营销人员来说，对于口碑营销活动的控制已经越来越依赖各种在线分析软件、风险评估系统等技术手段，人为的干涉能力大大下降。

②和传统口碑相比，网络口碑营销更容易陷入信用危机互联网用户的一个固有特点是具有匿名性，淘宝网就有相关规定：使用淘宝网作为交易媒介和平台的商家，信誉度根据每次成功交易后的顾客好评数量不断积累而成。这里的信誉度其实就相当于他们的“口碑”，随着信誉度对网上商家市场份额的影响的作用越来越大，网络商家对于信誉度的需求也就越来越高，于是一条制造网络虚假信誉度的灰色产业链也就因此形成。应运而生的“信用工作室、专业刷好评小组”等组织通过炮制大量的虚假交易和好评为网上客户炮制虚假信誉并通过信誉点收取相关的费用。除此之外，近来使用网络博客宣传和推广特定公司、组织或者某个产品和服务的方式，也造成了眼下市场上大量的“枪稿”“软文”的出现，情况甚至已经发展到让公众和消费者彻底丧失信任的地步。

### （二）对口碑营销效果问题的思考

网络环境下，市场成了一个消费者主导的世界。消费者和商家在产品信息的了解上趋向于平等地位。由于互联网的急速扩张，消费者可获得的产品信息越来越多，显著地改变了企业与消费者之间在商品信息知晓能力上的力量平衡。消费者一方面越来越怀疑传统模式下由企业主导的广告和营销活动，另一方面又越来越喜欢借助个人的信息搜集和决策能力，独立自主地作出购买决定，传统商业宣传对其的影响力大大下降。

## 六、自媒体时代的口碑营销——以微信为例

### （一）微信口碑营销中存在的问题

#### 1. 微信转发活动泛滥

由于商家迫切想通过嫁接进行营销，但是铺天盖地的垃圾信息被过分渲染，类似于转发有奖的活动席卷整个微信公众平台和朋友圈，企业不顾用户的感受频繁地给用户发送各种无聊、繁杂的信息，以期博得用户的关注，但是却慢慢地让用户反感甚至是排斥，造成负面的影响。这样的企业只是在思考自己想要什么，而并没有真正地从消费者的角度出发去思考问题。微信口碑的营销应该是出于用户自愿的转发，并且能引起朋友圈其他用户共鸣的，是一种水到渠成的状态。那种一味靠转发抽奖的无聊活动只会将用户的注意力过度消费，最终引起用户的反感。所以想用这种方式与用户建立情感是不现实的，用户忠诚度的建立是需要一个长期的过程的，操之过急反而会适得其反。

#### 2. 用户体验感较低

越来越多的企业在实施微信营销时，由于过度热情，给用户带来了很多的困扰。他们在用微信进行口碑营销的时候并没有很好地去思考用户的需求和体验，假如把企业利益作为微信口碑营销的切入点，有时反而会适得其反。如果企业的服务无法满足顾客的需求时，用户极有可能立马取消与企业之间的互动。怎样更好地维护企业与用户的发展关系，自然的发展成为企业微信营销的重中之重。

#### 3. 微信营销活动单一

现在朋友圈普遍的一种“口碑营销”活动就是转发返利模式，缺少了与用户互动环节，仅仅是一个告知性的推广，这就造成了趣味性的缺失。很难引起消费者的共鸣。其推广效果可见一斑。一部分商家把微信当作是移动的微博，只是关注信息的传播，忽视了与消费者的互动，体验式营销方式没有得到广泛推广，失去了微信营销独特之处，久而久之，使用户产生了抵触心理，限制了微信营销的发展。

#### 4. 用户信任度不高

微信口碑营销中最重要的一点就是提高用户的信任度，现在普遍的一种现象就是企业一下子扑到微信公众号上面，不带任何感情地进行产品的推销。而微信公众号的这一端，公众接收到的全是一些冰冷的文字，微信公众号的运营

者不遗余力地吹嘘自己的产品，完全忽视了用户的感受，这样就很难让用户在情感上产生共鸣，所以也很难培养出用户的信任度。

## （二）微信口碑营销的策略探讨

### 1. 坚持适度原则

消费者的精力是有限的，他们不可能天天刷着朋友圈或者公众号里面的广告而不产生反感情绪。商家在营销的过程中应该对营销力度准确把握，不过分渲染，应坚持适度的原则，控制推送信息的频率，过快或过慢的推送都会对企业的营销策略造成不好的影响，企业应该从用户的感官出发，多考虑用户的感受，可适当在实施专业微信营销策略时多准备其他类型的分享，以舒缓用户对于漫天广告信息的反感。

### 2. 注重提高用户的信任度

微信口碑营销的切入点并不是企业需要什么，而是消费者需要什么，只有明白了这一点，才能让微信口碑营销更加吸引消费者。如果一味地利用转发送礼这种低级的营销模式，最终很有可能会引起微信用户的反感，成为微信口碑营销的反面教材。所以这就要求企业在进行微信营销的时候，面对用户的时候切入点一定要准，最好是能够触发消费者心弦的，引发他们共鸣的，这样才能慢慢培养出用户的信任度，也只有这样的营销活动才能得到用户的自愿转发，并且能够在朋友圈里面推广开来，达到事半功倍的效果。自媒体时代，每个人都是信息的接受者和传播者，内容的重要性已然超过了渠道。如果用户喜欢一条信息，便会引起大规模的自发传播，并且这些传播是可以跨平台和跨渠道的。

### 3. 注意营销活动的趣味性

目前，微信公众号还有朋友圈里面的营销大部分都是单一的，缺乏趣味性的。比如泛滥的转发有奖之类的营销活动，这或许会带来一定的营销效果，但转发者可能是仅仅出于为了那么一点点的利益去转发，并没有切身体会到产品或者服务的优越。如此生硬的营销活动只会透支受众的精力，这无异于竭泽而渔。所以多设计一些能让消费者感兴趣的营销活动非常必要，让他们忘记这是一种推广，而是一次有趣的经历，这才是微信口碑营销要做的。

### 4. 注意微信营销活动的互动性

未来互动式的营销会是微信营销的趋势互联网，是一个公众集体参与的地方，想做好微信口碑营销就要从消费者的心理出发，起初购买产品是注重产品的功能性，然后发展为品牌式消费，近几年更是流行体验式、互动式的消费。

# 第四节　饥饿营销

## 一、饥饿营销的分类

### （一）品牌饥饿

品牌饥饿是指利用个性化的品牌服务和悠久、独有的品牌历史和进行产品市场定位，传递品牌价值，打造独特的品牌形象创造一种人人都想得到的品牌渴望。采用品牌饥饿进行营销时，要注意提前打造品牌的知名度和忠诚度，如新东方教育机构在英语培训市场首屈一指，提到英语培训机构，人们不难想到新东方，所以新东方如果在英语培训市场采用饥饿营销策略，较其他不知名的品牌更容易获得成功。打造品牌的知名度是运用品牌饥饿成功与否的关键，可通过以下三种途径打造知名品牌：用原产地文化打造品牌；用悠久的历史打造品牌；用独特的定位打造品牌。

### （二）人群饥饿

#### 1. 消费群体筛选

针对消费群体的筛选，企业可以将收入、年龄、职业等作为限制条件将消费群体区分开来，通过这种形式让消费者自然地形成自己特定的消费圈子，出于对自己同一消费群体的认可，使得企业更容易在消费群体内扩大品牌知名度。如好未来幼儿英语教育将自己的消费群体定位为高等收入群体，一旦获得该群体一部分人的认可，则更容易获得该群体内其他消费者的认可。

#### 2. 消费者行为筛选

消费者行为筛选，是指将消费者的消费行为特征，将具有同样消费行为的群体划分为一类消费群体，比如航空公司针对曾经在消费过程中有过不良记录的人，将其纳入本航空公司的黑名单，甚至是本行业的黑名单，这样就将品德行为不良的人人为地区分开来，形成这样的消费群体区分，有利于使同一消费群体中消费者的价值观得到统一，增强消费者的归属感和认同感，团结消费群体，提升消费者的凝聚力。

### （三）价格饥饿

根据商品价格与价值的关系理论，价格总是围绕价值上下波动，高端产品定价也会高于一般的产品，产品通过价格这个中介将消费者群体划分开来，高端产品的购买者在获得此类产品或服务的时候，得到的不仅是物质的满足，往往还带来精神上的享受，从而把它看作是一种身份的象征，这在奢侈品的销售中体现得最为充分，有些消费者甚至为了追求高端产品带来的精神满足，会购买高仿的奢侈品，从而满足自己的虚荣心，可见高端产品的高价格定位也会刺激消费者的购买欲。

在饥饿销售制造的消费者消费饥饿的局面下，消费者不惜花费更高的价钱购买价格上高出普通产品很多的高端产品，由于价格是价值的表现，高价格的产品往往是品质的体现，很多消费者为了追求高品质的生活质量，往往会愿意付出更多的金钱成本。因此，在实时价格定位时，可以通过可以的加大高端产品与低端产品的价格差来制造两者之间的距离感，从而区别两者，凸显高端产品的品质，给相应消费群体带来优越感。

## 二、自媒体时代的饥饿营销——以抖音直播带货为例

### （一）抖音直播带货饥饿营销策略运用

抖音平台以短视频为主要传播方式，用户使用范围广阔且投入的时间较长，拥有了流量就具备了变现的能力。新冠疫情的发生给线下经济带来重创，受到地点以及时间的限制，无数商家纷纷转向线上进行产品推广、营销，以此来渡过难关，而很多商家以及品牌方没有一定的粉丝量，只能通过明星、官媒、网红进行直播带货，这种以直播间卖货的方式是对线下门店销售的模拟，给消费者带去更加真实的体验。抖音平台倡导绿色文明直播，培养出大量的网红，他们根据社会需求进行自身人设打造，吸引用户眼球，构建粉丝群体，为直播带货所需流量做准备。抖音直播带货就是营销的过程，目前采用最多的营销模式是饥饿营销，分为三个步骤：通过产品的前期预热，吸引消费者眼球；中期共情，实现场景化传播；后期反馈，驱动品牌再推广。每个步骤都是在营销团队的打磨、后台数据的跟进、主播助理的协助下进行的，直播界面呈现给我们的是主播、产品、背景，但是都是经过精心的准备和合作完成的。

**1. 前期预热，吸引消费者眼球**

抖音直播带货饥饿营销策略首先通过前期预热，来吸引消费者眼球。很多

主播来自农村，起初通过拍摄农村生活中的点点滴滴以及搞笑段子来传递草根文化成为网红，吸引具有同样情怀的用户达到路转粉的效果，因为人们可以通过网络世界来缓解巨大的社会生活压力。他们往往离开家乡去到厂家或者直播地进行专场直播，包括护肤品、服装、首饰、箱包、水果等。在直播之前，频繁发布抖音作品，力求上热门扩大影响，这些作品包括介绍产品的优越性、产品库存数量有限营造供不应求的氛围、直播过程中做的秒杀活动以及回馈粉丝的豪礼等。目前比较流行的是直播间抽奖送华为手机、电动车、汽车等，主播提前预热告知粉丝一定要来到直播间，有大礼相送且福利品数量有限，先到先得的说辞都是饥饿营销的策略体现，吸引消费者眼球，保证直播过程中的粉丝数量。

**2. 中期共情，实现场景化传播**

抖音直播带货饥饿营销策略通过中期共情，实现场景化传播。主播在直播的过程中，往往会站在粉丝的角度和品牌方砍价，把价格打下来，每个产品的推销时间大概在30分钟左右。首先，运营把主播要推销的产品链接挂上小黄车，品牌方给出该产品的专柜价、网售价、直播价，这三种销售渠道的价格是不同的，品牌方给出的直播价是最低的，但是主播会再次砍价，有时会因为价格产生“争吵”，显示出主播终于争取到最大福利，品牌方在“亏损”状况下只给出很少数量的产品供大家购买，并且进行限时秒杀，运营根据主播给出的价格进行改价，主播助理进行倒计时计数，这种营销模式一方面能够提高直播间的热度，吸引更多粉丝的进入；另一方面营造供不应求的紧张氛围，促使粉丝进行购买。同时，主播在介绍产品的时候，会将其置于特定的场景之中，比如荣事达电器公司每场直播都会现场做饭，以作出的美食 为切入点，展示产品的优越性。

**3. 后期反馈，驱动品牌再推广**

抖音直播带货饥饿营销策略通过后期反馈，驱动品牌再推广。首先，抖音直播带货主播的粉丝数量相对稳定，他们一般会和粉丝保持高度互动，有专业的主播助理回复作品下的评论，让粉丝感受到和网红对话的喜悦，这种营销方式增强了用户黏性。其次，主播直播的时间固定，培养了粉丝观看直播的习惯，粉丝在收到产品后进行评价，有的在产品链接下评论，有的会去到直播间评论，直播过程中粉丝的反馈起着重要的引导作用，是进行品牌推广的有效方式，属于二次传播，第一次是主播推荐下的传播，第二次是产品受益人的反馈传播，因为首次观看直播的用户可能不信任主播推荐的产品，但在看到其他用户反馈的时候就 会增加对主播的信任感，产品需求的呼声越高，主播越会延长介绍和砍价的时间，使消费者处于“饥饿”的状态。

### （二）抖音直播带货饥饿营销意义

**1. 依需定量**

抖音直播带货饥饿营销策略的运用能够实现依需定量的效果。主播在直播前会进行作品发布提前预热，吸引消费者眼球，粉丝在短视频作品下进行评论，后台会根据粉丝对产品的呼声进行备货，准备足够数量的库存。另外，运营团队也会根据直播间屏幕滚动来预测产品的需求量，这种以消费者需求为导向的营销模式能够减少产品积压，增加流动资金。一些主播由于受到粉丝基数的限制，不能直接到厂家进行专场直播，只能拿货后自己销售发货，在这种情况下，产品的订购数量是非常重要的。一些产品也会采取预售的销售模式，通过预售进行市场需求分析，也相当于是融资形式。

**2. 利于涨粉**

抖音直播带货饥饿营销策略的运用利于涨粉。主播在直播开始的时候会选择一个话题引起粉丝的热议，随后人气上来以后再进行直播带货。主播在直播的过程中和粉丝互动，通过粉丝在直播间屏幕上打“要”“抢到了”“1”等字眼来提高热度，产品链接上小黄车以后，整个直播团队的工作人员进行“3、2、1”倒数进行改价的模式营造紧张氛围，直播间里的很多产品都是福利品，优惠力度较大，主播要求只有点关注和加入粉丝团的才能抢购，提前发货，在这种情况下，用户为了抢购自己想要的产品会立即关注主播成为粉丝，利用场景化的传播方式，一方面能够对产品的价值进行宣传；另一方面能够为自己涨粉，通过直播间个位秒杀和限时限量秒杀，增加用户黏性。

# 第五节　互动营销

## 一、互动营销的概念

学者们早期对于互动营销的定义主要集中在公司的服务人员与顾客之间的互动沟通以及顾客关系管理：比如学者 Molenaar（1995）认为互动营销是一种直接性的关系，雇员直接与顾客或潜在顾客进行沟通来达到营销的目的。这种直接性互动营销的目的就是通过交流与消费者达成良好的关系，从而促进消费者购买、复购或者推荐等目的。通信方面的交互指的是接收到信息的人关于信息内容给到信息源回应，发送信息的人和接收信息的人通过一来一回，不断的反馈达到交互的目的。在互联网还没有出现以前，人与人之间的互动沟通往往只能通过面对面的方式。随着互联网技术的发展，人与人之间的互动不再局限于线上面对面，通过线上即可实时互动沟通，设备和技术的全面开花让互动营销有很多种交互形式。一些国内学者把充分利用交互式工具（例如 Internet 和即时通信工具）进行双向交互式通信营销称作互动营销，它是一种基于现代 Internet 技术和现代通信技术的营销方法。刘翠萍（2006）认为："传统营销一般是企业与消费者之间的单一方向的反馈，且反馈速度慢，而互动营销具有更快、更直接的特点，它可以达到更好的互动效果。"另一些研究者认为互动营销是一种全面整合的营销技术。国外学者马丁（Martin）认为互动营销包括促进营销和直接营销，它是运用最新的 Internet 技术进行产品信息的传递与反馈，国内学者余瑛则提出了全新的概念，她把消费者的意见参与加入互动营销的概念里，认为互动营销是公司在开发、生产、销售新产品时，经常性地跟顾客交流沟通并把顾客的意见考虑到产品/服务设计开发中来的一种营销技术。

## 二、常见的互动营销平台

常见的互动营销平台有微博、微信、淘宝等，它是企业或品牌线上与顾客进行互动的一个媒介。

随着大数据和 AI 技术的迅猛发展，诸如抖音、微博等这样的短视频平台和社会化媒体通过抓取观众的兴趣点接连不断地推送给观众感兴趣的内容，从而达到留住顾客促进营销的目的。在提倡人人都是自媒体的时代，人们不仅是观众同时也可以成为自媒体，在这个电商社会化发展的进程中，很多企业品牌都在纷纷进驻互动平台，想要夺取信息发布的主动权，营销方式也是多种多样，心灵鸡汤类的情感营销、好玩有趣的创意营销等层出不穷，商家通过多种营销方式试图吸引潜在顾客，并增加老顾客的忠诚度。而回顾早期电商平台刚起步时，商家与消费者的互动仅仅只能通过单一的第三方电商平台如淘宝的阿里旺旺、京东的咚咚等即时通信软件实现，企业雇员通过与顾客线上沟通交流来达到互动营销以及维护顾客关系的目的，早期阶段主要是企业客服与消费者进行一对一沟通交流。随着网络技术逐渐发展起来，例如苹果的果粉论坛、小米的发烧友等一些社区慢慢出现，商家也逐渐意识到社区运营的重要性。在这个社区里，消费者不仅可以与商家进行对话，同时消费者也可以与其他社区成员进行对话。社区里的成员之间相互交流信息，同时社区成员可以第一时间获取到商家在社群里发布新品或者促销信息，这种互动的频繁性和亲密性也大大增加了消费者对于品牌的忠诚度。社群阶段得益于网络平台传播的迅速以及覆盖范围广的特性，大大提高了信息交换的效率。近年来网络信息开始爆炸式增长，每个人每天都被无数的信息冲击，大家开始变得眼花缭乱，意见领袖、推荐类社区网站也就应运而生。有的人在自己的专业领域深耕并且具有很大的个人魅力，这样的人在他所擅长的领域有一批他的粉丝，粉丝信任他所以会为他的推荐买单。意见领袖可以在人们不知道如何做选择时给出他专业的意见从而大大缩短了人们做选择需要花费的时间。反观这一阶段，品牌的号召力远远不如个人，在网络互动中也处于被动地位。来到了人人都是自媒体的阶段之后，企业试图通过多种多样的营销方式扳回一城，通过投放内容到很多平台、自媒体来达到营销效果，然而这种营销方式覆盖到的范围虽然比较广，但是营销方式并不精准，给企业或品牌带来的利润十分有限。

## 三、线上互动营销的分类

线上互动营销依据发布信息与发布对象的不同可划为三类：第一类是企业向每位客户发布同样的信息，也就是一对多。第二类类似于社群运营，企业给不同类群的人发布不一样的信息。第三类属于个性化互动，也就是针对每个人给予不同的互动信息。

企业根据自身的运营特点可以达到互动营销的多层次组合使用。

第 1 层互动：企业或商家利用微博、官网、电商平台等平台向每位客户发布一模一样的信息，以达到广泛铺开宣传的目的。

第 2 层互动：第 2 层互动类似于社群互动，企业或商家针对不同的消费群发布不一样的信息。比如双十一大促前我们可能收到许多的商家短信，这些商家是针对它不同的目标客户群发送了不同内容的信息，要想达到这一目的首先要了解顾客的购买行为，挖掘顾客的需求再对目标顾客进行归类，最后通过手机短信，邮件、阿里旺旺等直接进行信息定向投放，达到直复营销的目的。或者商家要实现第 2 层互动也可借助类似小红书这样的社交电商平台找到目标群体的消费者进行互动。

第 3 层互动：第 3 层即为个性化一对一互动，企业或商家服务人员通过与顾客进行一对一沟通互动来达到营销的目的。沟通渠道为阿里旺旺、京东咚咚等客服系统也即及时通信技术，为目前电商平台互动的主要工具。

## 四、互动营销的特点

### （一）互动性

互动性是这种推广方式最大的特点，因为这种营销方式主要强调的就是商家与客户之间的互动。一场营销活动开始之前，首先要有商家针对活动的主题来对客户进行引导，让客户参与进来，这就是最为常见的互动。

### （二）眼球性

互动营销需要让大众关注到活动的开展，吸引人的眼球，才能算得上是成功的营销，否则没人关注，不断被冷落，最终就只能不了了之。所以想要获得关注，就一定注意活动的创意性和针对性。

### （三）舆论性

互动营销需要舆论，也就是说需要一个良好的口碑来引导消费者的互动行为和消费行为。所以，名人效应为品牌带来的好口碑是非常高效而有用的，在互动营销中，也是非常具有保障和效率的助力。

## 五、互动营销的优势

互动营销作为目前最常用的营销方式之一，依然是与消费者产生深度关系的最佳途径。但要真正有效地利用互动营销拉近企业与消费者的距离，促进销售，核心还是要抓住消费场景，收集消费者大数据，而在新营销时代下，一物一码互动营销符合当代市场环境的营销趋势，能够满足企业与时俱进的需求。

### （一）采集用户大数据

采集用户数据，一物一码通过产品包装上的二维码成为消费者与企业互动沟通的流量入口，消费者扫码参与营销活动，企业即可让消费者关注企业相关的媒体号或者公众号，企业可通过大数据平台对所有扫码用户添加标签进行分组管理，消费者每一次的扫码信息都会被记录在后台。

### （二）精准触达消费场景

精准快速触达目标消费主体场景，通过对每个目标用户的消费数据活动进行分析收集综合分析，逐步清晰描绘出每个用户整体画像，为公司后续的精准品牌营销以及消费场景一体化品牌营销工作提供专业大数据技术支持。在当前移动化和互联网发展时代具体消费者极度需要依赖智能手机等各种移动通信设备，消费者在哪，企业就知道应该在哪与具体消费者亲身进行直接互动，而这种一物一码式的互动产品营销通过移动产品这个与具体消费者亲身接触互动频率最高的触点，以此有效连接整个企业和带动消费者。

### （三）数字化管理营销活动

依靠一物一码互动营销，可以摆脱以往依赖营销代理公司提供服务的方式，企业自主把握营销策略和执行，在营销过程中不断收集用户大数据，即时了解营销的真实效果，通过活动收集的数据经过分析后又可以成为下一次营销活动的指导依据，真正做到数字化管理企业营销活动。“新零售消费大数据平台”通过一物一码互动营销让产生重复购买兴趣的消费者可以快速作出决定，形成销售转化。平台帮助企业把之前消费者的决策权从一个物理的产品变成了一条线，一个线性的产品，从产品的选择，到购买产品，到后续服务以及重复购买的整个过程，让消费者更愿意参与到其中。

## 六、自媒体时代的互动营销——以微博为例

### （一）广泛借鉴

众所周知，企业若想依靠单纯地发布品牌、活动信息，聚拢品牌消费者进行微博营销是毫无价值的，在国内微博营销经验并不成熟的基础上，企业应该多借鉴国外如何利用Twitter进行品牌信息发布、品牌形象监督处理、活动营销，在 Twitter 营销上较为成功的企业有戴尔、星巴克、福田汽车、通用汽车、肯德基、可口可乐、柯达等。 国内企业可以进行相关的经验借鉴。微博虽然几乎没有成本，但低质量的微博只会导致 粉丝的流失。微博营销依旧需要找准客户群，设置议题。公司开微博首先要先给微博定位，弄清楚“这个微博到底想说什么”。微博的功能是建设企业形象、推广产品线还是促销活动？先定位，再根据定位来确定目标受众，再投其所好谈他们喜欢的话题，拉近距离。比如恒信钻石机构注册了五个不同的微博账号，几个账号分别从整体品牌形象、公益、产品宣传和领导人等几个维度，各有侧重地来吸引微博上的潜在消费者。例如，万科开设了首家房产微博，而且是群组微博，除了企业的官方微博北京万科，王石和旗下高管肖劲、毛大庆都分别开设了个人微博。

### （二）随时监控

适度反应相比传统的SNS、BBS和个人微博的传播速度和范围都要大得多。企业在注册完微博账号后，需要经常使用微博检索工具，检索组件可对企业品牌、产品和相关的话题进行监控，以及能够从追随者处获得建议和信息反馈。而一旦在微博上遭遇了负面信息，不要惊慌，应快速检索相关留言，了解情况后再联系相关客户，切不可贸然发表回复或者声明。2010年4月初的“肯德基秒杀门”就是经典案例。第一条与此有关的微博出现在4月5日19：30，一位用户贴出优惠券图片，随后陆续有几人转发，到第二天14点之前有几条微博表示“去吃了，真便宜”。而14点之后肯德基突然宣布停止此次活动，剩下的1100余条微博几乎都是在传播此事并加以调侃，让人印象深刻的包括顾客叫麦当劳外卖到肯德基的照片以及“KFC玩不起就别玩”的图片，甚至关于肯德基“We do chicken fight”翻译的段子也被网友们翻出来抨击。肯德基中国的官方微博肯德基在秒杀门事件中我自岿然不动，没有任何对此事的回应，两天后网友的转发和评论量迅速降低，风波在微博上逐渐淡去。在新鲜目标时刻涌现的微博上，要是沉不住气反而容易惹来众怒，贻人口实甚至升级事态。因此，在微博上宁愿慢也不要说错话，否则会被无数次恶搞放大，被转发之后删除原文都没用。

## 第六节　情感营销

### 一、情感营销的含义

20世纪80年代中期，欧美学者对情感营销的定义是指企业追求一种持久的联系，这种联系是顾客感觉到自己是如此有价值，感觉到自己得到如此的关心，以至于他们将全力以赴忠诚于企业。而国内学者，把情感营销定义为企业利用消费者在消费时的情感需求和情绪变化的规律而进行的营销排列组合以及相关的活动。将消费者的个人情感和需求结合采纳作为企业品牌营销战略的研究方式就叫作情感营销。情感营销从情感出发唤起消费者心理上共鸣激起消费者的情感需求，情感营销远远大于传统的营销方式。随着新经济的崛起和世界经济的全球化，社会也随之发生改变，进入了新经济的体验时代，同时，营销环节也随着市场环境的改变发生了巨大变化。效率的高低多元化的消费、媒体个性化，产品的同质化，个人消费需求的多元化市场竞争，严重影响营销绩效。

“情感”为品牌提供了许多方法和手段，包括情感产品的发展，制定价格的情感，促进情感，情感包装，情感口碑，情感，公共关系，情感服务。情绪是人内心世界的最直接的营销目标，是让消费者建立一个良好的心态，提高品牌或企业的知名度、提高消费者品牌认知，并最终导致产生消费者购买行为。

## 二、情感营销的内容

### （一）情感营销的内核——以情动人

情感营销的核心点就在一个“情”字上，这要求企业的员工能够把消费者放在心中不光是直接处理消费者的人员，包括营销人员之外的员工，都必须树立服务理念，以情感与客户沟通。许多公司在处理客户的需求或者其他特殊问题是建立一个“首问责任制”，这是基于一个员工的要求执行能力这一目标。有时，一个甜甜的问候，或是一些贴心的小措施，可以让用户发自内心来感动。有时，一个小疏忽能使客户进入对手的怀抱。泰国企业家回顾一些内心深处的感觉：一个客户在市场买一台洗衣机，两年以后，他的家庭从楼下搬到楼上，一个电话到店里的服务员。不到一个小时到了他家，根据客户要求将洗衣机移到指定的位置。那么小的事情，但是，他们这么做是周到的服务，消费者是无可挑剔的。在许多发达国家，商店销售的产品是关于“终身服务”，让顾客感受颇深的“上帝”滋味。相反，我们有一些商店服务差远了。“营销无小事，事事要用心”情感营销的核心和真谛——满足消费者内心的情感需求，只运用一些手段和方式是没有用的，感情白白付出，没有丝毫价值。有的员工只是和客户混熟，然后一起吃喝玩乐，不运用真感情只是做表面工作，这些不仅不会让客户感动，还有可能让客户产生反感，产生“商家宰熟客，恨赚朋友钱”的思维。美国推销大王乔·坎多尔福曾说过：“推销工作98%是感情工作，2%是对产品的了解。”如果不能讲感情融入营销，则不是真正的营销，营销效果不明显的主要原因就是不能使客户感觉到温暖和感动。

### （二）情感营销的基础——情感设计

情感设计分为定制设计、主题设计。定制设计是指厂商要将不同层次不同需求的消费者的特有心理和情感融入产品的制造和设计过程中。让消费者感觉到自己参与了制造的过程，让消费者的情感得以表达，然后设计出符合主题的产品，通过情感诉求让消费者接受。许多外国酒类企业就做得很好，企业为不同的忠诚消费者创建个人网页，让消费者在个人网页中定制自己喜欢的酒类，还可以根据自己的特殊要求定制酒品的模样，从而让厂家的酿酒配置更加完善，营销推广计划更加完美。

### （三）情感营销的素质——情感公关

现在越来越多的企业开始关注营销中的公关工作，将营销战略的重心转移到公关以及运用公关树立、巩固企业和产品的形象。以顾客为本，为顾客着想，与顾客加强感情交流和沟通是情感公关的基本要求，企业可以通过问卷调查、电话咨询等形式，经营销活动开展到消费者之中去，以消费者的身份来做营销，让消费者对企业和产品得到充分的认识，满足“听说—认识—喜欢—购买”的递进关系。

### （四）情感营销的品质——情感商标

越来越多的企业注意到一个响亮的名字能够吸引消费者的眼球并且在消费者心中留下印象。那么，如何设计一个好的商标呢？首先，商标要注重简洁、清晰、易于识别和记忆，使商标能在一瞬间吸引到顾客的注意，并容易理解，容易看到，容易记忆，给人以美感。二是商标也要讲求艺术。如小鸟牌电动车，形象地表达了像小鸟一样自由、轻快；健力宝、太阳神给人以力的感觉；舒肤佳、美加净给人以舒服、干净的感觉。

### （五）情感营销的外表——情感包装

“人靠衣装马靠鞍，狗佩铃铛跑得欢”打一个富有个性化的、情绪化的包装将成一个品牌的“外衣”，给人第一印象的外表。现如今的市场物质产品丰富化，消费者个性化已成为主流，企业的生产、包装模型也将从“大规模定制”，转变为“量身定做”，以满足消费者的个人情感。

### （六）情感营销的诱惑——情感环境

营造出一个舒适、优雅的营销环境很重要，即能让消费者放松心情，又能让消费者进行感观的享受，在无形之中体会到一种亲切感。微笑之中，消费者即购买了预计产品，又购买了非预计产品。山东最大规模的购物中心——银座商城，加上地下层共有七层的经营面积，男女服装在第二、三层。大家都知道逛街买衣服，是女人的一大爱好，而且一逛就是好久，但是家庭主妇们还需要照顾孩子，逛街时间就不能长久。对此，银座商城在六层儿童玩具市场特别开设了一个娱乐角，各有多种游戏机、游戏设施，并且有专门照看孩子的服务生，大屏幕上接连不断的播放动画片，孩子们得到了安顿，主妇们得以放心，逛街时间就会延长，商场得以收益。这种良好、放心的感觉，更加刺激消费者的购买欲望。

## 三、自媒体时代的情感营销——以哔哩哔哩弹幕网站为例

视频网站最初的竞争主要集中在流量竞争、版权竞争、资源竞争等内容，但随着市场发展水平的提高，竞争者逐渐涌入导致市场饱和，各大视频网站也开始着眼于多元化的发展路线。有些视频网站专注于自制综艺领域，如爱奇艺推出“大牌对王牌”；有些视频网站开始参与到动漫制作中，如腾讯参与制作动漫《魔道祖师》。而哔哩哔哩为了在视频网站中获得更大的生存空间，则通过运用情感营销手段来增强用户黏性，以此维系了一批忠实的用户群体，不断加长用户在本站的浏览时长，增加用户每日的登录次数。要想从情感角度维系用户，就要站在用户的思维来规划整个网站的运营，具体来说，哔哩哔哩情感营销的应用主要体现在以下几个方面。

### （一）产品情感营销

产品在保证其基本功能可以实现的情况下，重视消费者或使用者的情感诉求以及心理满足，这就是所谓的情感产品。哔哩哔哩主要从两方面进行情感产品营销，首先表现在根据用户差异化的需求来丰富产品类型并将内容不断优化。B站在“二次元”内容上不断深化，创站初期哔哩哔哩视频网只有动画、游戏、音乐、新番、娱乐、合集共六个板块，为了丰富二次元的内容，满足二次元受众不断丰富的喜好，哔哩哔哩新增了鬼畜、国创等新专区；除此之外，随着用户规模不断扩大B站也吸引了一批喜欢三次元视频内容的用户，因此B站横向不断吸收三次元内容，扩展视频种类，比如新增了生活、时尚等专区。满足了不同用户群体的差异化娱乐需要。其次，B站在情感产品营销中明确树立了自己的品牌形象。在情感营销当中品牌会贯穿整个营销过程，起到连接用户与视频网站的作用。一个情感品牌的建立需要日积月累，在品牌建设这个漫长的过程中不仅要融入企业的文化内涵、经营理念，也要满足消费者对于企业的情感诉求。B站首先在品牌标志与品牌形象的设计上遵从用户群体的喜好，B站在网上发起对于本站吉祥物的票选活动，由用户选出自己心仪的可以代表B站的专属形象，通过用户投票BILI姐妹——22娘与33娘成了B站的吉祥物，其形象符合二次元受众群体的审美，代表了B站的独特文化。

## （二）价格情感营销

价格是营销中的重要因素，也是企业获得利润的主要来源。情感价格追求的是不再只以盈利为目的的单一、固定的公式化的定价模式，而是从消费者心理、情感等角度出发，使价格可以满足消费者的心理需求，制定不同的价格策略。

如今视频网站的主要收入来源主要包括两种途径，贴片广告和付费会员制度。而B站的收费策略却与众不同，为了改善用户体验、维系用户情感独创了“新番承包计划”。“新番承包计划”类似于用户众筹版权费的形式，是指用户可以通过购买“B币”这一特殊虚拟货币来支付在B站播放的新番的版权费用，承包价格最低五元，上不封顶。但是没有参与承包新番的用户在B站仍然可以正常观看该视频，所以这种“新番承包计划”不是传统的购买行为，而是成了用户表达对动漫喜爱与支持的方式。同时，B站也为每个番剧设立了承包排行榜，这种排名方式也可以满足用户炫耀身份的情感需求。在B站独播的动漫《Fate/Stay Night》播出当晚同时观看人数就突破了3万，有7 000名用户承包了该新番，一周后，该动漫的播放量达到了259万，承包人数达到了1.4万。除了对番剧表达情感外，针对UP主，B站还推出了“充电计划”使得用户可以为喜欢的UP主提供支持。用户可以通过B币来购买“电池”送给喜欢的UP主，一元钱可以购买十个“电池”，最低花费两元，上不封顶。UP主则可以把收到的电池转化为人民币，成为其收入，但其中B站会抽取一定平台费用。从以上这两种消费行为都可以看出，B站对于消费者的价格策略都不是强制的，而是使价格成为一种情感表达，体现出了用户对番剧和UP主的喜爱和支持。

## （三）沟通情感营销

哔哩哔哩在情感沟通营销上采用了社会化媒体运作，社会化运营是通过社会化媒体平台与用户进行沟通与交流，解答用户的问题并宣传自己的产品，从而营造一个生动可亲、亲近用户的品牌形象。B站在2016年设立了官方微博，目前粉丝数283万，作用主要是发布新番购买情况、播出情况，以及一些线下活动。B站微博也会推送本站原创视频，与用户进行沟通交流，比如回答问题，派送福利等。B站的官方微博采用拟人化的方式运营，类似于个人微博，也会分享心情、天气、发表对热门事件的观点看法。同时B站在站内开通动态版块，提供了用户与up主交流的渠道，此外B站的用户与用户之间可以通过站内私信进行直接交流。

### （四）环境情感营销

作为一款互动性很强的视频APP，B站在互动环境上做的优化也可圈可点。首先，B站在国内弹幕视频形式还未兴起的时候就抢先一步推出了弹幕系统。弹幕指的是在网络上观看视频时弹出的评论性字幕。通过弹幕可以让用户与用户之间在视频观看过程中直接互动，为诸多视频软件平台提供了一种全新的互动模式选择，也为用户提供了一个在视频观看过程中表达自己心情，提出自身观点的新渠道。有时，弹幕与弹幕之间的互动往往能引起用户之间的情感共鸣，因此也在无形之中提高了视频的趣味性，扩展了视频本身的内容，使得视频具备了更多的卖点，并最终为平台创造价值。此外B站还在弹幕上继续优化，用户选择B站的一大重要原因就是弹幕，因此B站在弹幕的开发与维护上投入了更大的成本。比如简化弹幕发放流程，支持举报不良弹幕等新功能。其次，B站有着极其出色的视频投稿系统，B站支持并鼓励用户自制视频并发布到站内。而且B站的主要用户群体恰好是“90后”及“00后”青年，这部分群体渴望外界对自身价值的肯定，因此，有很多的青少年用户利用B站的投稿系统来展现个人才能，使自身情感得到满足。其中的高质量视频作者在得到了观众的认可之后，往往会成为兼职视频作者，有些甚至可以在粉丝的支持下成为职业视频作者（以上两种视频作者又被B站用户们称为up主）。在这个过程中，粉丝的支持使得up主实现自身价值的情感得到了满足，因此up主更愿意为B站投稿视频，这种循环使得B站的视频投稿量不断增加，目前，up主的视频投稿已成为b站的主要视频来源之一。

## 第七节　会员营销

### 一、会员营销的概念

会员制营销作为目前一种被广泛应用于各个行业的营销模式，国内外学者从多方面对其进行了的研究，在会员制营销模式的概念方面，主要可以概括为以下几个方面。

### （一）强调客户关系管理

Hart在1999撰文指出，会员营销战略的实质是关系营销，企业通过识别客户，跟踪和分析客户购买行为，获取相关信息，并据此开展有针对性的市场营销活动，目的是增加客户的营利性和回报率，并提升客户的满意度和忠诚度。Hart 认为会员营销是关系营销的一种工具，是商家获取信息数据和推广市场活动的一种方式。我国学者李莉认为，会员卡营销的核心是实施个性化客户关系管理。她对会员营销的理解是建立在 20 / 80 法则基础上的，她认为会员营销是商家为了更好地服务前百分之二十利润贡献率的核心客户，而建立与维护与核心客户关系的一种管理方式。李秉或认为会员制营销模式是一种深层次的关系营销，它利用企业系统的管理模式，产品服务的质量，品牌价值和奖励机制来维持与会员的关系，是一种能够切实提高会员顾客忠诚度的营销方式。即本质上会员营销即是关系营销，只是会员营销在横向上更为系统，在纵向上更为深入。朱瑶强调会员制营销是指“建立、保持、加强同客户和其他合作伙伴之间牢固、有利的关系的过程”，它要求整个公司精诚合作，以尽量满足客户需求并与一些重要客户建立和保持有利的长期客户关系。汪丽娜，钟永德，罗芬从旅游专业的角度分析认为，会员制是一种商业促销形式，双方在长期交易基础上形成信任，从而形成经常性光顾和购物，价格折扣和优先服务等关系。总体而言，这一派的学者普遍认为会员营销本质上是客户关系管理的一种手段，是客户关系管理的一种实施方式。

### （二）强调价值的沟通

会员卡是开展一对一营销的理想工具，商户通过对会员卡的数据挖掘了解客户行为，反过来，客户也通过调整自己的购买行为来适应商户的各种促销活动。王东光从法律角度研究会员制，认为会员制是一种沟通媒介，它是由某个组织发起并在该组织的管理运作下，吸引客户自愿加入，通过定期与会员联系，为他们提供具有较高感知价值的利益包。刘娜更是把会员营销提到了战略营销的高度，认为会员制营销是企业战略营销的一个重要组成部分，重点是要保持与会员的系统、持续、周期性的沟通。企业可以通过建立会员制度来辨别和培养目标和核心顾客，而消费者又通过自愿行为和参与程度来调整自身行为，从而达到双方之间的沟通，即会员营销本质上是就是企业与会员之间价值的双向沟通。

### （三）强调利益的获取

著名学者林健安认为会员制营销是企业组建一定的组织形式，并提供适合需要的服务，吸引客户自愿参加，培养企业的忠诚顾客，以此获得经营利益的营销方式。韩燕平，刘建平认为会员营销的重点是会员增值，刘璇认为会员制营销的目的是拓展顾客资源、扩大商店销售和增加企业收入，程国秀，董学力也认为会员制营销，是指企业以某项利益或服务为主题将用户组成一个俱乐部形式的团体，通过提供适合会员需要的服务，开展宣传、销售、促销等活动，培养企业的忠诚顾客，以此获得经营利益。这种观点强调实施会员营销对会员组织和会员个体双方的价值和利益，包括会员组织由此获得的经营利益，也包括会员个体通过会员营销获得的具有更高感知价值的利益包。

### （四）突出强调信息化

Blattberg、Gazer、Little（1994）将会员卡的出现称为信息革命，因为它能提供客户的姓名、性别、年龄、住址及交易记录等信息，对这些信息的挖掘有助于商户制定客户战略，加强客户关系管理。张洪涛认为会员制营销是指商店通过向特定的消费群体发放会员卡，将每个会员的资料登记备案，成为会员的顾客在购物时可以享受更多的优惠和权利。这些理论都强调了会员营销在获取信息方面的突出优势，认为会员营销最大的优势就是可以获取大量一手信息，并可以通过对信息的深入挖掘来增加营销的深度，有助于提高商品和服务的针对性。

## 二、会员营销的分类

### （一）按会员资格要求

按会员组织对会员资格的要求，王丽娟、李爽等人将会员制划分为公司会员制、终身会员制和普通会员制三大类。

公司会员制是指以公司名义入会，由公司每年向会员制组织缴纳一定的年费的形式，会员每供内部雇员使用。

终身会员制强调会员资格的永久性，一般指消费者一次性向会员制组织交纳足额的会费，获得终身会员资格，永远不需要再续费便可长期享受会员权益。

普通会员制，对会员资格要求比较宽泛，根据企业提供的价格或服务内容的不同，往往又将其进一步划分为价格优惠式会员制、方便购物式会员制和情感交流会员制三种形式。

### （二）按会费运营模式

王东光根据会费运营模式的不同，将消费领域的会员制分为一次会费型、入会费加会费型和预付费型三类。一次性会费型的会员制是指会员支付一定金额的会费取得一定时期的会员资格，会员可以在这一时期内享受会员利益，比较典型的有体育健身俱乐部。入会费加会费的模式，指消费者首先要支付一定金额的入会费获得会员资格，之后，还要定期缴纳年费或月费才能实际接受服务，高尔夫俱乐部、游艇俱乐部是比较常见的形式。第三类预付费则是会员须向会员卡中预存一定金额的现金，在以后会员接受服务时，根据服务项目从会员卡预存款中扣除服务费的模式，我国《消费者权益保护法》第 47 条涉及了预付费交易，即“经营者以预收款方式提供商品或者服务的，应当按照约定提供。未按照约定提供的，应当按照消费者的要求履行约定或者退回预付款；并应当承担预付款的利息、消费者必须支付的合理费用”。

### （三）按交易关系类型

以“是否建立一定期间内的具体的交易关系”为标准，又可以将会员营销分为积分会员制、定向交易会员制和普通会员制几种类型。积分会员制是会员组织根据会员的实际交易额，记录一定的积分成果，当积分累积到一定点数时会员可以申请兑换奖励。国内一些超市、书店等会员组织多采取积分会员制。定向交易会员制中会员组织只与会员进行交易，如美国的沃尔玛、法国的家乐福、德国的麦德隆多采用这种形式。王东光认为，普通会员消费模式中订立的是具体协议，交易的条件具体、确定，而积分会员制和定向交易会员制这两种形式中的会员只在以后可能的交易中获得积分奖励、优惠价格或交易机会，交易双方之间只是订立了一个框架协议，没有建立一定期间内的具体的交易关系，交易条件不确定、不特定。前者属于付款后的持续给付交易，钱货（服务）不两清：后者则为单次钱货两清交易。

## 三、会员营销的意义和作用

目前有关会员制营销意义和作用的研究主要集中于企业的角度考虑，实行会员营销对企业有积极作用，主要体现在以下几个方面。

第一，可以获得大量的一手资料，这是显而易见的，通过会员卡可以收集到大量会员的基本情况和消费信息。如顾客的姓名、性别、年龄、出生日期、受教育状况、收入情况、通信地址、联系电话等，以及顾客消费的时间、内容、偏好等。这些信息的获得为进一步的营销计划创造了基础，同时也是企业实行客户关系管理和顾客忠诚计划的保证。

第二，会员营销有助于企业客户关系管理的推行及应用。秦必瑜在研究零售企业会员卡客户信息的管理与应用时认为，客户信息管理是企业竞争力的源泉，企业通过会员营销获得大量的客户信息，使提供个性化服务成为可能。提供个性化服务要求企业对客户有深入了解，以达到按客户需要的时间、地点、希望的方式为其服务的要求。会员制营销通过现代化信息技术建立客户信息资料库，通过对客户信息资料进行数据挖掘，实施“拉”式营销，对客户信息的有效管理对市场细分标准的选择、价格策略、顾客服务体系的细化等都具有十分重要的意义。

第三，会员营销有助于企业推行客户忠诚计划。程国秀，董学力在《管理科学》中撰文指出会员营销有助于企业提升客户的忠诚度，建立长期稳定的客户群。会员营销虽然也会赋予会员额外利益，但它与简单的打折促销存在根本的区别，因为会员营销要求企业着眼于管理会员与企业之间的长远关系，注重培养会员对企业的参与感，并且不同于普通的消费者，会员之间一般都具有兴趣或消费经历上的共性，他们之间经常的交流互动也有助于会员之间产生归属感，参与感与归属感有助于提升会员的忠诚度。

## 四、自媒体时代的会员营销——以爱奇艺 OTT 终端会员业务为例

在可预见的未来，移动端网民增长即将触碰天花板，存量市场规模庞大，增量市场空间有限。以爱奇艺为代表的在线视频平台必须不断拓宽渠道，开辟赛道，抢占新的流量高地。目前，爱奇艺已经形成手机、iPad、PC、TV 多终端覆盖、跨屏式传播。近年来互联网电视的兴起，正逐步取代有线电视和卫星电视，成为新的增长点。平台的商业模式使公司尤其重视会员数量的增长，付费用户的规模直接决定作品收益的好坏，也将直接影响智能电视行业的发展前景。下面对银河奇异果会员营销策略进行分析。

### （一）用户视角：营销人群定向化

按照用户生命周期，大致可分为纯新用户、付费用户、过期用户等不同状态。面对不同的生命周期用户，营销策略也不尽相同。

**1. 拉新手段**

指针对从未成为奇异果会员的用户，要对这一类人进行定向营销。目前奇异果 TV 主要有价格拉新和主站导流两种方式。价格拉新是指对某一卡种采用低价拉新的方式。主站导流是指升级产品，爱奇艺移动端会员称黄金会员，权

限在移动端、iPad 端、PC 端开通，钻石会员是指电视端的会员，可享受四屏观看体验，黄金会员升级钻石会员需要一定金额方可开通。

2. 留存促活

指针对现有的付费用户，通过营销达到促进用户在平台活跃 ，提高用户续费意愿目的。目前也有两种方式。一种是用户通过观看视频 30 分钟、签到、首次登录奇异果 TV 等方式可以赚取积分，兑换奖品、代金券和 VIP。另一种是在 促销期间对部分卡种降低价格来刺激一批价格敏感型消费者。

3. 流失召回

由于用户已经过期一段时间，需要对这部分用户进行召回。奇异果 TV 主要结合站内和站外两个渠道进行召回，力求可以精准触达，策略采用价格和内容相结合的方式，这里的内容指根据用户以往观影偏好和行为数据，同时结合主站档期内容和热映影片进行相关匹配，激发用户观看意愿，价格多以发放代金券的形式进行优惠，卡种涉及连续包月、年卡、季卡等。需要说明的是，这里只是根据用户生命周期进行粗略划分，在实际操作过程中需要用到精细化运营的思维，再结合用户忠诚度模型和用户生命周期，提升整体的目标转化率。

## （二）平台视角：营销方式多元化

站内的营销手段只是整合内部资源，要想使 OTT 终端会员市场做得更大，让爱奇艺在智能电视领域分到更多的流量蛋糕，那么还需要寻求外部合作，不断整合内外部资源，力求激发用户消费潜力，实现效益最大化。

1. 品牌联盟

联合品牌展开营销可有效整合资源，平台会设有“会员福利社”一栏，通过跨品牌方合作的方式为会员提供更多增值权益。目前，奇异果 TV 为会员提供的增值权益有京东白条、运动耳机、饮品折扣券、酒店福利等。增值权益和双重会员权益是当下主流视频平台向会员进行营销的主要方式。

2. 名人背书

使用代言人可以短时间提高品牌知名度，扩大品牌影响力，为品牌赋予一定的个性，强化品牌差异。此外，代言人作为一种联想载体，消费者因为移情效应，可使代言人和品牌联系在一起。目前爱奇艺签约张艺兴为品牌背书，归根结底还是利用次级联想的杠杆作用。

### 3.IP 营销

IP 是 Intellectual Property 的缩写，是指“知识财产”。大促期间，奇异果会结合主站爱奇艺正在热映的电视剧、电影以及主推的综艺进行 IP 营销，在电视端给到更多资源位，引导用户的关注焦点，完成行为诱导，实现销售转化。

# 参考文献


[1] 项勇，王文科．媒体融合的探索与实践 [M]. 北京：中国广播电视出版社，2015.

[2] 刘兴隆，康咏铧，程子桉，董绍春．互联网＋微媒体：移动互联时代的新媒体营销密码 [M]. 北京：中国铁道出版社，2016.

[3] 刘小华，黄洪．互联网＋新媒体：全方位解读新媒体运营模式 [M]. 北京：中国经济出版社，2016.

[4] 缪勇．自媒体时代下大学生自我更新机理及路径研究 [M]. 北京：光明日报出版社，2016.

[5] 肖森舟．互联网＋手机：玩转手机自媒体营销 108 招 [M]. 北京：群言出版社，2016.

[6] 刘阳．自媒体终极秘诀 [M]. 哈尔滨：哈尔滨出版社，2016.

[7] 崔义超．社群媒体 [M]. 北京：机械工业出版社，2017.

[8] 吴桦等．新一代互联网流媒体服务及路由关键技术 [M]. 南京：东南大学出版社，2017.

[9] 黄志华．形象思维的延展：全媒体时代广告创意探蠡 [M]. 成都：电子科技大学出版社，2017.

[10] 张梅珍．全媒体时代的传媒发展与新闻传播教育重构 [M]. 武汉：武汉大学出版社，2017.

[11] 唐宁．颠覆与重构：城市电视台媒体融合之策略与路径 [M]. 北京：中国广播影视出版社，2017.

[12] 化保力．微演讲：自媒体时代，我们如何玩转微演讲 [M]. 广州：广东人民出版社，2018.

[13] 彭雷清．内容营销：新媒体时代如何提升用户转化率 [M]. 北京：中国经济出版社，2018.

[14] 许哲．自媒体话语权研究 [M]. 北京：知识产权出版社，2018.

[15] 刘仕杰．人气头条：自媒体的精准定位与内容运营 [M]．武汉：华中科技大学出版社，2019.

[16] 一点资讯．后自媒体时代的内容创业 [M]．北京：东方出版社，2019.

[17] 胡凯．玩赚自媒体：建号、引流、变现到 IP 打造 [M]．北京：中国铁道出版社，2020.

[18] 薄馨侠．社群经济视角下微信自媒体盈利模式分析 [J]．纳税，2019，13（27）：228 + 231.

[19] 李雅薇．社群经济中自媒体运营的发展与探究 [J]．现代农业研究，2019（07）：99-100.

[20] 张政，刘强．基于社群经济的自媒体内容营销：以“罗辑思维”为例 [J]．现代营销（下旬刊），2018（08）：78-79.

[21] 徐雅静．自媒体如何打造社群经济 [J]．传媒，2018（12）：50-51.

[22] 杨玲．自媒体运营价值分析及未来发展策略研究 [J]．新闻爱好者，2017（11）：92-93.

[23] 张惠．微信自媒体商业模式及发展规律 [J]．西部广播电视，2016（14）：7-8.

[24] 彭应兵，单媛媛．传统媒体发展社群经济的机遇与挑战 [J]．青年记者，2016（15）：9-11.

[25] 李莲莲，田茫茫．自媒体时代社群营销模式及其发展图景 [J]．新闻论坛，2015（05）：14-16.

[26] 陈三玲．社群经济视角下自媒体的营销策略：基于“罗辑思维”的分析 [J]．青年记者，2015（05）：86-87.